작은 여행, 다녀오겠습니다

오늘이 행복해지는 여행 안내서

작은 여행, 다녀오겠습니다

최재원 지음 · 드로잉메리 그림

'작은 여행'이란,
여행의 설렘과 두근거림을
매일 일상에서 즐길 수 있는 여행법입니다.

긴 휴가를 낼 필요도 없고,
큰돈이 들지도 않습니다.

**지금 여기로 여행을 왔다고
'관점'을 바꾸기만 하면 됩니다.**

반복되는 일상에 지쳤다면,
스트레스 때문에 뒷목이 뻐근하다면,
관계에 지쳐 어디론가 사라지고 싶다면,
그래서 여행이 간절하다면,
하지만 떠날 수 없어 먼 휴가만 기다리고 있다면…

지금 우리에겐 '작은 여행'이 필요합니다.

· · · · · · · · · · · · · ·　　　PROLOGUE　　　· · · · · · · · · · · · · ·

나의 하루는 아직 끝나지 않았어

우리는 왜 여행을 갈망하면서도
좀처럼 떠나지 못하는 걸까요?

긴 시간, 먼 거리, 많은 비용, 무거운 가방…
여행, 하면 떠오르는 그런 묵직한 요소들이
오히려 우리의 출발을 가로막고 있는 건 아닐까요?

그런 '부담'들은 가능한 한 내려놓고
여행의 본질에만 집중하는 여행,
그렇기에 오늘 당장, 퇴근길에도 할 수 있는 여행,
저는 그런 여행을 '작은 여행'이라 부릅니다.
관점을 바꾸어,
일상 주변에서 여행의 설렘과 두근거림을 즐기는 여행이지요.

이 책에는 그동안 제가 삶의 쳇바퀴에서
숨통을 틔우기 위해 시도했던
작은 여행의 여러 가지 아이디어가 담겨 있습니다.

· ·

바로 떠날 수 있고,
짧은 시간에도 다녀올 수 있고,
우리 집, 우리 동네에서도 할 수 있는 여행입니다.

입문부터 고급 과정까지 단계별로 정리한
5가지 코스를 차근차근 살펴봐주세요.
별거 없어 보이던 우리 동네, 자주 지나치던 옆 동네도
낯설고 새로워 보이는 경험을 하게 될 겁니다.
더 나아가 새로운 취미를 배우며 세계여행을 하고,
사람들과 교류하며 서로의 일상을 여행할 수도 있습니다.

누군가에겐 이게 무슨 여행이냐고 비웃음을 살 수도 있겠지만
또 다른 누군가에게는 일상을 버티게 해주는
오아시스가 될 수도 있는 여행입니다.
부디 이 작은 아이디어들이 지금 행복하지 않다고 느끼는 분들에게
균형 있는 삶을 선물하는 실마리가 되었으면 합니다.

1년에 한 번 있는 휴가만 기다리며 버티지 마세요.
이번 주말에, 아니 오늘 퇴근 후에 바로,
작은 여행을 떠나보는 거예요.

COURSE
- 1 -
작은 여행의 시작, 퇴근 후 여행

퇴근 후 1시간, 혼자 여행을 시작합니다	20
첫걸음, 일상과 나 떼어놓기	22
챙길 것과 비울 것	26
지구 반대편에서 온 여행자처럼	29
익숙한 곳 낯설게 보기	35
좋은 여행이 주는 힘	39

COURSE
- 2 -
작은 여행의 본격, 옆 동네 여행

여행에서 중요한 것은 '얼마나 멀리'가 아니다	52
관점을 바꾸자 여행지 목록이 달라졌다	55
숙소라는 베이스 캠프	57
여행의 '깊이'는 사람이 만든다	62
배낭은 가볍게, 시간은 여유롭게	66
옆 동네 여행, 저는 이렇게 다녔습니다	69
여행의 의미는 새로운 눈을 가지는 데 있다	72

COURSE
- 3 -
작은 여행의 확장, 사교육 여행

여행자의 마음으로 떠나는 배움 여행	84
당신의 버킷리스트는 무엇입니까	87
'공부'하지 말고 '여행'하세요	92
칵테일을 배우고부터 달라진 것	97
일상에서 할 수 있는 수많은 '모험'들	99

COURSE
- 4 -
더 깊은 작은 여행, 일상에 초대하기

사람만큼 놀라운 여행지는 없다	114
내 안의 이야기를 꺼내보세요	117
마음을 담은 초대장의 힘	120
장소를 넘어서는 소품의 마력	124
우리 집으로 초대합니다	126
우리 동네를 소개합니다	130
나만의 취미 세계로 초대합니다	133

COURSE
- 5 -
더 넓은 작은 여행, 에어비앤비 호스트 되기

집 안에서 하는 멋진 세계여행	148
첫 번째 준비, 남는 방 정돈하기	150
전 세계 친구들에게 나를 소개하세요	153
사람을 여행하는 법	156
나만의 작은 여행 지도 만들기	161

본문 속 작은 코너들을 소개합니다.
BEGINNING STORY : 이번 여행 코스가 만들어지기까지의 스토리입니다.
VIEW POINT : 본격 여행을 떠나기 전에 관점을 바꾸는 주문을 걸어보세요.
TOUR GUIDE : 더 풍성한 여행 아이디어를 제공하는 페이지입니다.
TOUR MAP : 이번 여행 코스가 한눈에 보이도록 요약합니다.

A SMALL TRIP GUIDE

COURSE

- 1 -

작은 여행의 시작,
퇴근 후 여행

· · · · · · · · · · · · · · · **BEGINNING STORY** · · · · · · · · · · · · · ·

대기업 계약직으로 사회생활을 시작했습니다.
꿈에 부풀어 시작한 회사 생활이었지만
치열한 경쟁의 연속이었고, 언제 정규직이 된다는 보장도 없었어요.
제일 먼저 출근해서 제일 마지막에 퇴근을 했습니다.
집으로 돌아오면 이미 몸은 녹초가 된 상태였죠.
그렇게들 빛난다고 하는 젊음인데
저의 하루는 '일'과 '잠' 두 가지로 채워져 있었습니다.
'나'라는 존재가 점점 사라지는 기분이었어요.

한 사람이 하루에 쓸 수 있는 에너지가 100이라면,
퇴근할 때쯤 제 몸에 남은 에너지는 10퍼센트 이하였습니다.
어느 날 지칠 대로 지친 몸을 끌고 침대로 들어가려는 순간,
이런 생각이 들었어요.

'이대로 잠들기엔 너무 아쉽다.'

· ·

이렇게 삭막한 하루들만 쌓인다면
10년 뒤 내 삶이 어떤 모습일지 가늠이 되지 않았습니다.
내 몸에 남은 약간의 에너지를 써서라도
뭔가 다른 일을 해보고 싶었습니다.
피로함에 눈이 반쯤 감긴 나 자신에게
간절한 마음으로 주문을 걸었습니다.

'그래, 작은 여행을 떠나자.
집 근처 카페로, 공원으로 여행을 가는 거야.
아직 내 하루는 끝나지 않았어.'

호흡을 가다듬고 현관문 손잡이를 돌립니다.
남은 에너지를 최대한 길게 쓰기 위해
스스로에게 절전모드를 걸었습니다.
몸을 움직이고 눈의 초점을 옮길 때도
최소한의 에너지만 쓰기 위해 천천히 움직입니다.

특별한 일을 한 건 아니었어요.
걷고 싶은 곳을 걷거나, 신기해 보이는 곳을 구경하거나,
커피 한잔하며 책을 읽는 등 내가 하고 싶은 걸 했습니다.
익숙한 우리 동네였지만 낯선 곳으로 여행을 왔다고 생각하자
평소에는 보지 못했던 새롭고 신기한 풍경들이 보였습니다.
그렇게 짧은 여행을 즐기다가
내 몸의 에너지가 1퍼센트 남았다고 느껴질 때 집으로 돌아왔습니다.

그런데 이 자투리 시간이 이상하게 달콤했고,
혼자 떠나는 여행은 그 뒤로도 종종 이어졌습니다.
하루치 에너지를 모두 소진해버렸지만
마음은 더 가벼워지는 것 같았거든요.

일상을 버티기 위해 최소한의 일탈을 시도한 것인데,
이 작은 여행이 저의 일상도 바꾸어놓았습니다.
전반적으로 여유가 생겼다 할까요. 회사에서도 전보다 쿨해졌습니다.
'나'라는 것이 조금씩 차오르는 기분이었어요.
아마도 짧은 시간이지만 '나'를 잘 돌보아주었기 때문이겠죠.

오늘 하루 조금 우울하고, 내가 고갈되는 기분이라면
편한 신발로 갈아 신고 조용히 동네 산책 한번 다녀오면 어떨까요?
'지금부터 작은 여행을 떠난다'는 마음으로요.

VIEW POINT

"오늘은 낯선 나라로 여행을 온 첫날 밤입니다.
시간이 늦었고 긴 비행으로 피곤하지만,
숙소 근처 동네를 혼자서 한 바퀴 둘러보려고 합니다.
이렇게 잠들긴 아까우니까요."

관점을 바꾸자

여행이 시작되었습니다.

퇴근 후 1시간, 혼자 여행을 시작합니다

우리는 밤이 깊어서야 겨우 퇴근을 했고, 공부를 마쳤고, 집안일을 끝냈습니다. 오늘 하루는 얼마 남지 않았고 몸은 지쳐 있겠죠. 하지만 잠깐이라도 나를 위한 시간을 나 자신에게 선물해보세요. 내가 점점 고갈되고 있다 느끼는 당신께 혼자 떠나는 '퇴근 후 여행'을 소개합니다.

퇴근 후 여행은 먼 곳으로 여행을 떠나왔다고 '관점을 바꾸어' 생각하며, 익숙한 우리 동네를 혼자서 거닐고 탐험하는 것입니다. 복잡한 일이나 마음을 어지럽히던 관계의 문제는 두꺼운 외투와 함께 잠시 벗어놓고, 종일 손에서 떼지 못하던 핸드폰도 내려놓고, 오직 한 사람 나 자신만을 데리고 가는 여행이지요. 언뜻 듣기엔 너무나 간단해서 시시해 보일지도 모르겠습니다. 하지만 다른 어떤 해외여행 못지않게 효과가 크답니다.

이 여행이 좋은 점은 첫째, 간편하다는 것입니다. 돈이 들지 않고 휴가를 낼 필요도 없습니다. 언제 어디서든 여행을 즐길 수 있다는 편리성과 즉시성이야말로 퇴근 후 여행의 큰 장점입니다. 익숙해지면 장 보러 가는 길, 출장 가는 길, 혼자 영화관에 가는 길 등 아주 짧은 순간순간에도 작은 여행을 할 수 있게 됩니다.

둘째, 짧지만 깊은 휴식을 누릴 수 있습니다. 관점을 바꾸어 일상에서 멀어지는 순간, 많은 것들에서 벗어나 편안해질 수 있으니까요. 일종의 정신적 스트레칭인 셈입니다. 실제로 명상 전문가들은 작은 여행이 명상과 동일한 효과가 있다고 말합니다. 내 주변을 인지하고 내면의 변화를 바라보는 것이 명상의 기본이기 때문입니다.

셋째, 바쁜 일상 속에서 잃어버렸던 '나'를 찾을 수 있습니다. 조용히 여행을 하다 보면 어느 순간 내가 아름답다고 생각하는 것에 집중하고 있는 나를 발견하게 됩니다. 내가 무엇을 좋아하고, 무엇에 반응하는지 알게 되는 거죠. 또 '회사 동료와 나', '가족과 나', '친구와 나'처럼 타인과의 관계에는 신경 쓰고 살면서도 정작 무심했던 나 자신과의 관계를 챙기고 회복시켜줍니다. 나는 어떤 사람인지, 내가 어떨 때 기뻐하는지 가만히 느껴보세요. 자기가 좋아하는 것을 구체적으로 알고, 그것을 자주 하는 것이 행복의 시작이 아닐까요?

퇴근 후 잠도 좋고 혼술도 좋지만 나만을 위한 작은 여행을 떠나보세요. 여행을 즐기는 구체적인 방법들은 지금부터 알려드릴게요.

첫걸음, 일상과 나 떼어놓기

퇴근 후 여행을 시작하기 위해 꼭 거쳐야 할 절차가 있습니다. 저는 이것을 '갭gap 타임'이라고 부르는데요. 내가 가장 편안함을 느끼는 곳에서 하루 동안 쌓은 수많은 생각들, 스트레스들을 잠시 내려놓는 시간을 말합니다.

갭 타임은 명상, 글쓰기, 차 마시기 등 다양한 방법으로 실천할 수 있지만 초보자에게는 따뜻한 물로 샤워하는 것을 추천합니다. 끝내지 못한 일, 상사의 꾸중, 연인과의 관계는 옷과 함께 잠시 벗어두고 샤워를 해보세요. 따뜻한 물이 피부에 닿고, 밖에서 묻어온 먼지가 씻겨 내려가는 그 행위에 온전히 집중하는 거예요. 그리고 몸이 깨끗해지는 것을 느껴보세요. 평소보다 약간 천천히, 길게 그 과정을 즐깁니다.

이것은 일상과 나를 떨어트려 놓는 일종의 의식이라고 할 수 있는데요. 가벼운 산책을 할 때조차 일상에서 빠져나오지 못한다면 하와이에 간다고 해도 제대로 여행할 수 없을 겁니다. 바깥세상과 나를 떨어뜨리는 갭을 가지세요. 이 작은 행동이 여행에 큰 변화를 가져다줍니다.

사실 갭 타임은 외국인 게스트와 룸 셰어를 하면서 배운 것입니다. 유럽 사람들은 평범한 일상 중에도 종종 브레이크 타임을 갖더라고요. 한번은 유럽인 게스트와 함께 파티에 가기로 약속한 날이었어요. 퇴근하고 돌아오니 이미 옷을 갖춰 입고 외출 준비도 끝낸 상태로 있던 게스트가 "괜찮으면 20분 후에 출발해도 되냐"고 물어봅니다. 안 될 이유가 없죠. 그러자고 하자, 그는 방에 들어가 조용히 있더니 20분 뒤 평온한 얼굴로 나왔습니다. 준비도 마쳤었는데 왜 출발하지 않은 거냐고 물어봤어요. 심플한 답이 돌아옵니다.

"미안. 아까는 내 상태가 조금 오버되어 있었어. 잠시 쉬면서 정신을 나에게 돌려놓는 시간을 보낸 거야."

처음에는 이런 유럽인들이 새침하다고 생각했습니다. 그런데 많은 유럽인 친구들에게서 비슷한 모습을 보게 되었고, 저도 점점 감화되기 시작했습니다. 게다가 실제로 해보니 참 좋더라고요. 외출 하는 동안 정신이 딴 데로 가지 않고 온전히 '나'인 상태를 즐길 수 있었습니다. 따뜻한 물로 샤워를 하며 갭 타임을 가져보세요. 샤워를 마쳤다면 몸을 잘 건조하면서 몸이 한결 가벼워진 것을 느껴보세요.

TOUR GUIDE

따뜻한 물로 샤워하기 외에도 갭 타임의 방법은 사람마다 다를 수 있습니다. 자신의 상황과 취향에 맞게 선택해보세요.

편안한 곳에서 잠시 쉬기

집, 사우나, 단골 카페, 퇴근길 차 안 등 나에게 편한 곳이라면 어디든 좋습니다. 그곳으로 가서 잠시 쉽니다. 몸뿐 아니라 마음도, 몸속 장기도 함께 쉬게 합니다. 따뜻한 것을 마시며 마음을 고르거나, 잠시 수면을 취하는 것도 좋습니다.

이동 중에 갭 타임 갖기

샤워를 하거나 쉴 만한 상황이 아닐 땐 지하철, 버스 등에서 호흡을 가다듬는 것만으로도 갭 타임의 효과를 누릴 수 있습니다. 눈을 감고 천천히 편하게 숨을 쉬세요. 그리고 잠시 귀를 닫고 여러 가지 생각을 멈춘 채 들어오고 나가는 숨에 집중해보세요. 다른 생각이 떠오른다면 애써 지우려 하지 말고 그냥 바라보다가 흘려보내면 됩니다. 그리고 다시 호흡에 집중해보세요. 5~10분만 이렇게 해도 몸과 마음이 훨씬 가벼워질 겁니다.

내 하루에 사표를 쓰기

사표를 내면 그렇게 싫던 회사에서도 아름다움이 보이죠. 한 발 물러났기 때문인데요. 내 하루에도 사표를 써보세요. 하루 동안 지고 다닌 무거운 책임과 관계를 다 내려놓는 것입니다. 잠들기 전까지의 시간은 '덤'이라고 생각하고 즐겨보세요.

챙길 것과 비울 것

퇴근 후 여행에 필요한 준비물은 딱 한 가지입니다. 내 발이 좋아하는 운동화. 예쁜 운동화, 비싼 운동화가 아니라 신었을 때 가장 편한 운동화가 필요합니다. 낡거나 구멍이 난 것도 상관없습니다. 사소해 보이지만 중요한 것이니 꼭 챙겨주세요.

우리는 여행을 가면서도 남의 시선을 의식할 때가 많습니다. 혼자 떠난 여행일지라도 SNS에 올리거나 누군가에게 보여줬을 때 멋있어 보이는 사진을 찍기도 하고요. 그런 여행은 혼자 떠난다고 해도 '남의 시선을 데리고 가는 여행'입니다. 물론 인생에서 누군가에게 박수를 받고 인정받는 것이 중요할 때도 있습니다. 하지만 때로는 남의 시선을 다 내려놓고 나 자신만을 챙기는 시간도 필요하지요. 퇴근 후 여행은 '나를 데리고 가는 여행'입니다. 아무에게도 보여주지 않는 일기를 쓰듯, 남의 시선이나 SNS의 '좋아요'가 아니라 '나'를 데리고 가는 겁니다.

핸드폰을 집에 놓고 떠나면 가장 좋습니다. 그게 어렵다면 꺼놓은 상태로 가지고 나가세요. 그 사이에 누군가에게서 연락이 올지도 모른다는 생각은 잠시 내려놓으세요. 가벼운 산책을 다녀온다는 마음으로 약간의 현금만 들고 나서면 됩니다. 이것저것 챙길 때보다 홀가분한 기분이 들 거예요.

이제 관점을 바꿔볼 차례입니다. 너무나 익숙한 일상 속 공간이지만 여기서도 여행을 할 수 있다고 생각을 바꿔보세요. 어렵다면 주문을 외워보는 것도 좋습니다.

'그래, 이건 여행이야. 이곳은 나에게 낯설고 신선한 여행지야. 난 여행을 왔어. 난 이 여행을 즐길 수 있어.'

더 구체적인 상상도 해봅니다. 오늘이 먼 여행지로 떠나온 첫날 밤이라고 생각하는 거예요. 도착한 첫날은 오랜 비행으로 피곤할 겁니다. 하지만 호텔 방에서만 보내기에는 아쉬워서 숙소 밖으로 나가보려고 합니다. 멀리 가는 건 좀 힘들어도 숙소 근처를 둘러볼 시간은 될 것 같습니다. 두근거리는 여행자의 시선으로 길을 나서면, 이제 모험이 시작됩니다.

TOUR GUIDE

편안한 운동화를 신는 것뿐 아니라 옷도 편하게 입으세요. 옷에는 생각보다 강한 의식이 깃들어 있습니다. 회사 갈 때 입는 옷에는 격식이라는 의식이 깃들어 있어 그런 옷을 입고 있을 땐 쉽게 휴식을 취하기 어렵습니다.

- 목과 어깨를 조이지 않는 상의와 편안한 하의를 입었나요?

- 머리와 피부는 가장 자연스러운 상태로 두세요.

- 모자 눌러쓰기도 방법입니다. 세상과 조금 동떨어진 기분도 때론 괜찮거든요.

- 모든 상황이 여의치 않을 때는 셔츠 단추라도 풀어보세요.

지구 반대편에서 온 여행자처럼

현관문을 나서면 익숙한 집 앞 풍경이 펼쳐질 겁니다. 잠시 서서 바깥 공기를 깊게 들이마셔보세요. 공기에는 미세한 시간의 향기가 있습니다. 코끝으로 들어오는 공기에서 계절과 시간을 느껴보세요. 평소에 보지 않았던 하늘도 쳐다보세요. 가로등도 보고, 앞 건물도 한번 바라보세요. 매일 봐왔던 풍경이 조금 다르게 보일 겁니다. 좀 더 멀리 나가볼까요? 익숙한 출근길도 좋고, 평소 다니지 않던 길도 좋습니다. 그저 발이 이끄는 쪽으로 걸어가보세요. 어디로 가야 할지 막막하다면 33쪽을 참고하여 목적지를 정하는 것도 좋아요.

지금부터는 나에게 주어진 여행 같은 시간입니다. 여유를 가지고 평소보다 조금 천천히 걸으며 주변을 관찰합니다. 이전에는 자세히 본 적 없는 것들에 시선을 줘보세요. 그러다가 왜인지 모르겠지만 기분이 좋아지는 순간이 있다면 잠시 멈춰 그 기분을 느껴봅니다. 눈을 감고 소리와 촉감을 느껴보는 거예요. 그리고 그것이 왜 나를 기분 좋게 만드는지, 편안하게 하는지 생각해봅니다.

항상 복잡하던 도로에 차가 드문드문 지나다니니 꽤 운치 있어 보입니다. 평소에 지나치던 카페 앞에 놓인 화분이 건강하게 잘 자라 있습니다. 주변 조명이 분위기를 좋게 만들어줍니다. 곧이어 조그만 미용실이 나타납니다. 이제 보니 창문에 쓰여 있는 손글씨가 멋집니다. 뭔가 함부로 흉내 낼 수 없는 세월의 흔적도 느껴집니다. 촌스러운 미용실인 줄만 알았는데 이런 매력이 있었네요. 동네 할머니들에게 인기가 있는 이유가 있나 봅니다.

가로수도 한번 바라봅니다. 지난봄에는 벚꽃이 가득했는데 지금은 듬직한 푸른빛을 띠고 있습니다. 출발했을 때보다 주변이 더 어두워졌습니다. 간판이며 가로등, 크고 작은 전구들이 각자의 빛을 더합니다. 따스한 기분이 들어 계속 바라보게 되네요.

평소에도 관심은 있었지만, 가본 적은 없었던 예쁜 편집숍 앞에 멈춰 섰습니다. 피곤함에 찌든 내 모습과 왠지 어울리지 않는 것 같아 선뜻 들어가보지 못했던 곳이에요. 하지만 오늘은 들어가보기로 합니다. 여행을 왔는데 못 할 게 뭐 있을까요. 외국에서 여행할 때 내 모습을 떠올려보세요. 누구든 평소보다 용감해집니다. 오늘이 아니면 언제 다시 올지 알 수 없으니까 하고 싶은 것이 있으면 다 해보고, 말이 안 통하더라도 일단 부딪혀보기도 했잖아요. 그런 여행자의 마음으로 문을 열어보는 겁니다. 막상 들어오니 처음의 두려움은 단번에 사라집니다. 과연 인테리어도 아기자기하고 예쁩니다. 마침 손님이 별로 없네요. 용기를 내어 점원에게 말을 붙여봅니다. 알고 보니 옆 옆 건물의 구두 가게와 자매 브랜드라는군요. 언니와 동생이 각각 운영한다네요. 만날 지나치면서도 전혀 몰랐던 동네 이야기를 들으니, 왠지 우리 동네가 더 친숙하게 느껴집니다.

작은 욕망을 실천해보세요. 들어가보고 싶은 곳, 머물고 싶은 곳, 해보고 싶은 것이 있다면 그냥 해봅니다. 커피 한 잔 마시기, 책 보기, 글쓰기, 점원과 대화 나눠보기, 벤치에 앉기 등 하지 않았던 사소한 것들을 그냥 해봅니다. 우리는 여행을 왔기 때문에 평소보다 용감해질 수 있으니까요. 그리고 그 시간에 빠져보세요.

TOUR GUIDE

무작정 출발은 했는데, 막상 어디로 걸음을 옮겨야 할지 막막한가요? 퇴근 후 여행을 즐기는 데 도움이 될 만한 몇 가지 아이디어를 소개합니다.

목적지를 정하고 떠나보세요

간단히 목적지 정하기
영화관, 마트, 서점, 익숙한 카페, 새로 생긴 상점, 공원 등 어디든 상관없습니다. 그저 언젠가 한번 가보고 싶었던 곳이면 됩니다.

목적지까지 가는 길 천천히 즐기기
생각을 많이 하지 마세요. 거리의 공기, 발이 땅에 닿는 감촉, 계절의 향기, 하늘의 색깔, 피부로 느껴지는 온도, 눈에 보이는 크고 작은 사물을 느끼며 감각을 늘어뜨린 채 천천히 걷습니다.

옆길로 새기
걷다가 왠지 느낌이 좋은 곳이 있다면 멈춥니다. 목적지가 아니어도 괜찮습니다. 여행의 즐거움은 그런 흐트러짐에 있고, 가려고 했던 곳은 다음에 가면 되니까요.

TOUR GUIDE

혹은, 목적지 없이 그냥 걸어보는 것도 좋아요

새로운 길로 가보기
익숙하지 않은 거리, 혹은 늘 다니던 길의 반대 방향으로 걸어보세요. 몇 년 동안 일하거나 살아온 동네라도 다른 방향으로 걸어보면 아주 낯설게 느껴져요.

평소에 좋아하는 길
늘 가던 익숙한 길도 좋습니다. 다만 평소보다 느리게 걸어보세요. 아주 천천히 걸으며 이제껏 관심 갖지 않았던 주변 풍경과 사물을 바라보는 거예요. 우리가 해외로 여행을 갔을 때 '이 동네 사람들은 이렇게 사는구나', '이 동네 가로수는, 신호등은 이렇게 생겼구나' 하며 작은 것 하나도 호기심 어린 시선으로 바라보며 걷는 것처럼 우리 동네를 걷는 거예요.

마음이 가는 대로
들어가고 싶은 곳이 있다면 문을 열고 들어가봅니다. 앉고 싶은 곳이 있다면 앉아봅니다. 말을 걸고 싶은 사람이 있다면 다가가 인사를 해봅니다. 여행할 때를 생각해보세요. 어쩐지 평소보다 용감해지잖아요. 그렇게 마음 가는 대로 해보세요. 누군가와의 만남을 통해 새로운 목적지가 생길지도 모릅니다.

익숙한 곳 낯설게 보기

거리에는 어둠이 더 짙게 깔렸습니다. 가게의 훈훈한 분위기 덕분에 한결 밝아진 기분으로 걷는데 자그마한 벤치가 보입니다. 한번 앉아보니 서서 볼 때와는 또 다른 모습의 거리가 펼쳐집니다. 시야가 조금 변한 것뿐인데 이것 또한 즐겁습니다. 잠시 혼자만의 시간을 즐깁니다. 지나가는 사람들, 바람에 흔들리는 잎사귀도 바라봅니다. 매일 직장에서 수많은 사람과 일하고 친구들 앞에서 호기로운 척을 하며 사는 나, 하지만 이런 혼자만의 시간을 꽤 좋아하는 것 같습니다.

퇴근 후 여행은 일상을 낯설게 보는 것에서 시작됩니다. 그래서 익숙한 것을 낯설게 보기 위해 도와주는 장치가 필요할 때가 있습니다. 그중 가장 효과적인 것이 평소와 다른 눈높이로 바라보는 것입니다. 늘 걸어 다니던 곳에 앉아보거나, 의자 대신 난간에 걸터앉아보는 것, 옥상이나 육교에서 내려다보는 것, 누워서 하늘을 보는 것 등 눈높이를 달리하면 같은 장소의 다른 면이 보입니다. 보이는 것이 달라지면 일상은 충분히 낯설어질 수 있습니다.

맞은편에 작은 카페가 보입니다. 휴대폰도 책도 없이 혼자 카페에 가려니 조금 망설여졌지만 들어가보기로 합니다. 문을 열자 고소한 커피 향이 확 느껴집니다. 곳곳에 세월의 흔적이 느껴지는 공간이네요. 오래된 책들도 보이고요. 따뜻한 유자차를 주문하고 눈에 띄는 책 한 권을 골라 자리에 앉습니다. 둘러보니 손님이 그리 많지 않습니다. 오늘은 주말이 아니고, 여기는 관광지가 아니니까요. 집에서 몇 분 거리에 있는 평범한 카페일 뿐입니다. 그런데 생각해보니 퇴근 후 조용히 시간을 보내기에 이만한 곳도 없다는 생각이 듭니다. 푹신한 의자에 앉아 따뜻한 차를 마시고 있으니 나른해집니다. 아무도 나를 보지 않고, 나 역시 아무도 바라보지 않습니다. 지금 이 순간을 온전히 즐기는 내가 느껴집니다. 참 편안합니다.

어느덧 유자차가 미지근하게 식어 있습니다. 일어서야겠네요. 카운터에 찻잔을 올려놓다가 눈이 마주친 주인 아저씨와 짧은 인사를 나눕니다. 처음보다 훨씬 자연스럽습니다. 이 공간과 조금 친해진 기분이 들어서인지 나서는 발걸음이 한결 가볍습니다. 몸은 더 나른해졌지만 집에서 나올 때보다 마음이 훨씬 정돈된 느낌입니다. 오랜만에 가져본 나만을 위한 시간입니다. 내가 저녁 독서를 좋아한다는 사실도 참 오래 잊고 살았습니다.

신선한 바람, 저녁 독서, 메모지 낙서, 낯선 사람과의 대화, 푸른 잎사귀, 멍한 시간. 내가 어떤 것을 좋아하고 있는지 알아차려봅니다. 사소한 것일수록 좋습니다. 내가 생각하는 나와 실제의 나는 다를 수 있거든요. 계산적이고 치밀한 사람이라고 생각했는데, 멍하게 있는 시간을 좋아하는 사람일 수도 있습니다. 터프한 편이라고 생각했는데, 예쁜 패턴이 프린팅된 패브릭을 좋아하는 세심한 사람일 수도 있고요. 나에 대한 편견을 잠시 내려놓고 내 무의식이 하고 싶어 하는 것을 할 수 있도록 시간을 주세요. 그리고 내 안에서 즐겁고 편안한 감정이 생기면 그것을 가만히 바라봅니다. 그것들을 노트에 적어두는 것도 추천합니다. '나는 (   )을 좋아하는구나' 이렇게요.

TOUR GUIDE

익숙한 동네를 낯설게 여행한다는 것이 어렵게 느껴질 수도 있을 거예요. 우리 동네를 색다른 방법으로 여행할 수 있는 몇 가지 방법을 소개합니다.

자전거를 타고 동네 돌아보기
걸을 때와는 또 다른 느낌일 거예요. 게다가 평소에 가보지 못했던 조금 먼 곳까지도 쉽게 돌아볼 수 있습니다.

마을버스 타기
동네를 한 바퀴 도는 마을버스를 타보는 건 어떨까요? 익숙한 동네를 도는 코스이지만, 창을 통해 바라보면 낯선 곳에 온 기분이 든답니다.

가까운 학교에 가보기
넓은 하늘을 본 지 얼마나 오래되었나요? 학교 운동장은 뻥 뚫린 도시의 하늘을 즐길 수 있는 곳이랍니다. 그것만으로도 여행의 기분을 느낄 수 있어요.

시선과 몸의 높낮이를 바꿔보기
육교에 오르기, 편의점 앞 벤치에 앉기, 평상에 눕기, 옥상에 올라가기 등 시선과 몸의 높낮이를 변화시켜보세요. 분명 익숙한 동네인데도 감상할 만한 경치가 있었다는 걸 알게 될 거예요.

좋은 여행이 주는 힘

이제 집으로 돌아갈 시간입니다. 퇴근 후 여행은 에너지가 얼마 남지 않은 상태에서 시작하는 여행입니다. 그래도 일상을 살아갈 때보다는 아주 적은 에너지가 들기 때문에 이 시간을 상대적으로 길게 쓸 수 있습니다. 어느 순간 그 적은 에너지마저 소모되었다고 느끼면, 그때 집으로 돌아가면 됩니다. 몸은 더 피곤해도 정신적인 에너지는 듬뿍 채워졌을 거예요.

돌아오는 길은 여행을 시작할 때보다 캄캄해졌을 것이고, 날씨가 변했을 수도 있습니다. 흘러간 시간을 느껴봅니다. 처음 길을 나설 때 눈길을 끌던 것들에 다시 한번 시선을 줍니다. 잠자리에 들 시간은 조금 늦어졌지만 내일은 왠지 더 가볍게 하루를 시작할 것 같습니다.

다시 익숙한 곳으로 돌아와서, 좋은 여행을 했다고 생각하며 마음속으로 싱긋 웃어보세요. 잠들기 전, 오늘 여행에서 좋았던 점을 떠올려봅니다. 좋았던 일을 더 자주 해야겠다고 생각하며 잠을 청해보세요.

좋은 여행이었습니다.

TOUR GUIDE

퇴근 후 여행을 꼭 혼자 해야만 하는 것은 아닙니다. 친구나 자녀와 함께 가까운 곳으로 떠나는 기분으로 동네를 여행할 수도 있습니다. 같은 도시여행자의 감성을 가진 사람이라면 더 좋겠지만, 그렇지 않더라도 충분히 함께 즐길 수 있습니다. 예를 들면 내가 우리 동네를 안내하는 가이드가 되었다고 생각하고 친구에게 곳곳을 설명해줄 수도 있어요. 또 아이와 함께 떠난다면 아이에게 이 여행에 대해서 잘 설명해주세요. 아이의 시선으로 동네를 여행하는 건 또 다른 재미를 줄 겁니다.

퇴근 후 여행을 여러 번 시도하며 우리 동네를 다양하게 탐험해보세요. 그리고 내가 좋아하는 것을 얼마나 구체적으로 나열할 수 있는지 생각해봅니다. 조용한 카페에서 글쓰기, 사람이 붐비는 도심 걷기, 한강 바라보기 등 내가 좋아하는 것을 5가지 이상 꼽을 수 있게 된다면 다음 여행 코스에 도전해보세요.

TOUR MAP

한눈에 보는
퇴근 후 여행

☞ 총 소요시간 : 약 1시간
☞ 준비물 : 편안한 운동화

갭 타임 갖기

"일상과 나를 떼어놓는 시간"
- 따뜻한 물로 샤워하기
- 편안한 곳에서 휴식
- 이동 중 짧은 명상

가볍게 떠나기

- 편안한 옷과 신발
- 비상금 챙기기
- 핸드폰은 잠시 꺼두기

어디로 떠날까?

"내가 좋아하는 걸 하세요."

목적지 정하고 가기
- 평소 가고 싶었던 곳
- 목적지까지 천천히 걷기
- 옆길로 새기

목적지 없이 가기
- 새로운 길로 가기
- 평소 익숙한 길로 가기
- 마음 가는 곳에서 멈추기

어떻게 낯설게 볼까?
- 자전거 타고 동네 돌기
- 마을버스 타고 동네 돌기
- 가까운 학교 운동장에서 하늘 보기

익숙한 집으로 돌아오기   "좋은 여행이었습니다."

A SMALL TRIP GUIDE

COURSE

- 2 -

작은 여행의 본격,
옆 동네 여행

· · · · · · · · · · · · · **BEGINNING STORY** · · · · · · · · · · · · ·

벌써 몇 주째 주말 근무인지 헤아리기도 어려워졌을 때,
월요일 대체 휴가를 받았습니다.
그렇게 기다리던 휴가인데
갑자기 쉬려니 뭘 해야 할지 잘 모르겠더라고요.
늦게 일어나 밀린 빨래를 하고 널브러져 있었습니다.

주황빛 노을이 질 때쯤 멍하니 창밖을 바라보는데,
논리적으로는 설명할 수 없지만
'여행을 떠나야겠다'는 생각이 들었습니다.
지금 떠나지 않으면 안 될 것 같은 기분이었어요.
되는 대로 짐을 쌌어요.
분명 내일 아침에 출근해야 하는데 멈출 수가 없었어요.
그저 노을이 사라지기 전에 어디로든 떠나고 싶었습니다.

그때 연남동에서 게스트하우스를 운영하는 지인이 떠올랐어요.
꼭 멀리 가야만 여행일까 싶은 생각이 들었거든요.
바로 연락을 했습니다.
"형. 저 오늘 형네 게스트하우스에서 머물 수 있어요?
지금 가려고 하는데요."
"어 그럼, 되지. 그런데 누구랑?"

· ·

"저 혼자요."

집에서 연남동까지는 걸어서 20분 거리.
너무 가까웠던 탓에 주인이 오기도 전에
제가 먼저 숙소에 도착했습니다.
아무도 없는 평일 게스트하우스의 공기는 꽤 낯설었어요.
우선 짐을 풀고 잠시 침대에 누웠습니다. 그리고 짧은 잠에 빠졌어요.
40분쯤 흘렀을까. 눈을 떠보니 노을은 사라지고 밤이 되어 있었어요.
저는 몸을 일으켜 거리로 나갔습니다.

그런데 무언가 느낌이 이상했어요.
수도 없이 다녔던 동진시장 인근인데,
그날따라 낯설게 느껴지는 거예요.
퇴근하는 사람들, 놀러 온 듯한 사람들,
바쁘게 움직이고, 웃고, 떠드는 사람들….
그 가운데 저만 다른 시간 속에 있는 것 같았어요.
일본 오사카에서 처음으로
마쓰리〔축제〕를 보았던 때가 떠올랐습니다.
열정적인 표정, 고함치는 모습,
흐르는 땀방울이 슬로우 화면처럼 보였거든요.

· ·

여행자의 눈에는 모든 것이 경이로워 보였기 때문이죠.
그런데 그날의 연남동도 저에겐 그랬습니다.

평소 잘 보이지 않던 간판들도 눈에 들어왔어요.
작은 조명, 독특한 디자인들에 한참 시선을 빼앗기다가
평소에도 가끔 들렀던 술집을 발견해 들어갔어요.
늘 붐비던 집이었는데, 평일이라 그런지 한산했습니다.

"혼자 오셨나 봐요."
"아, 네. 여행 왔어요."
"크… 여행 좋지요."

창밖으로는 여전히 사람들이 바삐 지나다니고 있었고,
그들의 다양한 표정을 바라보는 것이 즐거웠어요.
이 동네에 숙소를 정해둔 덕분인지,
평소보다 마음이 훨씬 여유로웠어요.
마치 다른 나라에서 여행 온 사람처럼
온전히 그 풍경을 감상할 수 있었죠.

그때 깨달았어요. 아무리 가까운 동네라도
숙소를 잡고 하루 묵어갈 마음으로 온다면
여행이 될 수 있다는 것을요.
정말 즐거운 발견이었어요.
이젠 평일에도 주말에도
얼마든지 부담 없고 즐거운 여행을 할 수 있을 테니까요.

그러자 평소에 알고 싶었던 동네 리스트가 주르륵 떠올랐습니다.
서촌, 부암동, 성수동, 내수동, 문래동, 성북동, 평창동….
멀리 가고 싶어도 시간이 없었던 저는
그렇게 가까운 동네로 신나는 여행을 떠나기 시작했습니다.

VIEW POINT

"여행을 왔습니다.

하룻밤 묵을 숙소도 있으니,

여유롭게 동네를 즐겨보려고 합니다.

자주 오던 곳인데, 외국만큼 낯서네요."

관점을 바꾸자

여행이 시작되었습니다.

여행에서 중요한 것은 '얼마나 멀리'가 아니다

우리는 '퇴근 후 여행'을 통해 평소에 가지 않던 길로 10분만 걸어가도 완전히 새로운 풍경을 볼 수 있다는 걸 알게 되었습니다. 그런데 만일 마포구에 사는 사람이 성북구에 간다면 그곳이 얼마나 더 새롭게 보일까요? 떠나야 할 곳이 반드시 멀 필요는 없습니다.

작은 여행 두 번째 코스를 소개합니다. 바로 '옆 동네 여행'입니다. 옆 동네 여행은 퇴근 후 여행보다 적극적으로 일상 속에서 여행을 하는 방법입니다. 조금 더 과감하게 발걸음을 옮겨보세요. 이번 여행 역시 돈이 많이 들지 않고, 긴 시간이 필요하지도 않습니다. 꼭 주말이 아니어도 돼요. 평일에도 가능합니다. 퇴근 후 또는 반차만 내고도 떠날 수 있고, 비행기나 기차가 아니라 지하철, 버스, 심지어 자전거로도 갈 수 있는 여행입니다.

말이 통하지 않을까 봐 걱정할 필요도 없습니다. 우리에게 필요한 것은 용기, 그리고 생각의 변화입니다. '옆 동네로도 여행을 떠날 수 있다'라고 관점을 바꿔보세요. 퇴근 후 여행에 익숙해진 분들이라면 이러한 관점 이동이 어렵지 않을 겁니다. 되도록 숙소를 잡고 숙박을 해보세요. 집에 돌아갈 걱정을 하지 않으면 여행자처럼 자유롭게 여행을 즐길 수 있게 됩니다.

TOUR GUIDE

옆 동네 여행을 떠나기 좋을 때는 언제일까요? 다음을 참고하여 나의 여행을 계획해보세요.

평일 퇴근 후
우리 동네와 같은 구 안에서 여행지를 찾아보세요. 주말에는 사람들로 북적이는 관광지가 되는 곳을 찾아 평일의 한가로움을 즐겨보는 것도 좋습니다.

금요일 저녁
멀리 가지 않아도 특별한 1박 2일을 설계할 수 있습니다. 대중교통으로 1시간 이내에 갈 수 있는 곳을 찾아보세요. 여정의 피로는 반으로 줄이고, 여행의 즐거움은 그대로 누릴 수 있습니다.

주말
주말에 떠난다면 사람이 많이 모이는 관광지보다는 가까운 옆 동네에 짐을 풀고 한적하게 나만의 여행을 즐겨보세요.

지금
지금 당장 떠나지 못할 이유는 없습니다. 웬만한 여행 준비물은 편의점에서도 살 수 있으니까요. 휴식에도 용기가 필요하답니다. 일단 떠나보세요.

관점을 바꾸자 여행지 목록이 달라졌다

'옆 동네'란 가깝게는 내가 사는 동네와 맞닿아 있는 지역을 말합니다. 걸어서 20분 내외의 거리겠죠. 하지만 조금 더 확장한다면 하루 일정을 마치고 대중교통으로 부담 없이 갈 수 있는 곳 모두를 '옆 동네'라고 할 수 있겠지요. 10분에서 1시간 정도만 투자해도 다양한 여행지를 만날 수 있습니다. 예를 들어 서울에 산다면 지하철로 가평, 춘천, 이천까지도 갈 수 있지요.

옆 동네 여행지로 좋은 곳은 집이나 회사에서 가깝고, 종종 들르기도 하는데 깊게 알아본 적은 없는 곳들입니다. 같은 구에 속해 있는 매력적인 동네 혹은 정감이 가는 동네를 방문해보세요. 거창한 콘텐츠가 있는 곳이 아니어도 괜찮아요. 분위기 있는 서점이나 카페, 작은 호수 같은 소박한 목적지를 정해보세요. 여행자의 눈으로 그 동네를 걷다 보면 곁에 두고도 몰랐던 아름다운 풍경과 이야기들을 얼마든지 발견할 수 있을 거예요.

TOUR GUIDE

어디로 떠날지 고민된다면 다음의 아이디어를 참고해보세요.

평소에 좋아하던 동네
저의 경우는 서울의 부암동, 성수동, 혜화동, 합정동, 계동이었어요. 좋아해서 자주 가봤던 동네도 여행자가 되어 찾아가면 새로운 모습을 발견하게 됩니다.

걸어서 갈 수 있는 가까운 동네
가까이에 있어서 가치를 느끼지 못했던 곳도 놀라운 것들로 가득한 여행지일 수 있습니다. 그곳으로 '여행'을 간다는 생각을 해본 적이 없을 뿐이지요. 여행자의 눈으로 관점을 바꾸어보세요.

누구나 좋아하는 관광지
경복궁, 남산, 북촌, 놀이공원 같은 곳을 사람들이 많이 찾는 이유는 그곳이 언제 가도 훌륭한 여행지이기 때문입니다. 이런 곳으로 떠난다면 평일 한산한 시간대에 가보기를 권합니다.

도시 외곽
승용차, 기차, 고속버스가 아니라 지하철이나 시내버스로 갈 수 있는 가장 먼 곳을 탐색해보세요.

숙소라는 베이스 캠프

옆 동네 여행을 제대로 즐기려면 꼭 해야 할 일이 있습니다. 바로 숙소를 잡는 겁니다. 집에서 가까운 곳인데 굳이 숙소를 잡을 필요가 있을까 싶을 거예요. 돈이 아깝다는 생각도 들고요. 그런데 그 생각을 바꾸면 옆 동네 여행의 진짜 묘미를 느낄 수 있습니다. 먼 곳이든 가까운 곳이든 숙소에 도착해 짐을 푸는 순간 진짜 여행이 시작되는 법이거든요.

숙소를 잡으면 늦은 시간까지도 귀가 걱정 없이 여행을 즐길 수 있습니다. '집에 어떻게 가지?', '조금만 있다가 버스 끊기기 전에 가야겠다' 같은 생각은 내가 지금 이 순간에 푹 빠지지 못하게 방해합니다. 하지만 이 동네에 하루 묵을 집이 있다고 생각하면 마음이 편안해집니다. 그리고 여유가 생깁니다. 시계를 보며 초조해하는 대신 지나가는 사람들의 얼굴이 보이고, 주변의 풍경들이 보입니다. 이렇게 순간순간의 아름다움을 발견할 때 익숙하게만 여겼던 옆 동네가 완전히 다르게 느껴집니다. 마치 가까운 일본에라도 놀러 온 것처럼 말이죠.

또한 숙소를 잡으면 잠깐 놀러 왔을 때는 절대 볼 수 없는 그 동네의 진짜 모습도 볼 수 있습니다. 관광객이나 직장인이 모두 빠져나간 고요한 밤거리 풍경이 그것입니다. 숙소 덕분에 우리는 동네를 로컬local〔현지 주민〕처럼 편안하게 즐길 수 있습니다. 심지어 해가 뜨고 사람들이 출근하기 시작하는 모습도 볼 수 있지요.

어떤 숙소를 선택할 것인지도 정말 중요합니다. 관심과 취향에 따라 숙소 선택도 달리하는 것이 좋은데요. 크게는 호텔, 게스트하우스, 공유 숙소가 있습니다.

호텔은 완벽하게 휴식에 초점을 두고 도심 여행을 즐기기에 최적의 숙소입니다. 각종 호텔 예약 애플리케이션(데일리호텔, 호텔나우, 호텔스닷컴, 야놀자, 여기어때 등)을 잘 활용하면 합리적인 가격으로 이용할 수 있습니다. 일찍 예약할수록 저렴한 숙소를 구하기 쉬운 건 당연하지만, 반대로 아주 늦게 숙소를 예약하는 것도 방법입니다. 숙박 예정일 하루 이틀 전에 예약 문의를 하면 숙소 쪽에서도 공실을 남기지 않기 위해 가격을 할인해주는 경우가 많습니다. 최근 이런 원리를 이용한 호텔 앱도 많이 생기고 있어요. 그리고 숙소를 정할 때 잊지 말아야 할 것이 있습니다. 바로 우리가 현지인이라는 거예요. 해외여행이라면 어쩔 수 없이 주말과 성수기에 여행을 떠나곤 하지만 현지인인 우리는 평일과 비수기에도 쉽게 떠날 수 있다는 것을 잊지 마세요. 그러면 평소보다 저렴하게 쾌적한 숙소를 구할 수 있겠지요.

다음으로 게스트하우스는 여행자들이 함께 생활하는 공동 주거 형태의 숙소입니다. 주방이나 샤워실 등을 공용으로 사용하는 경우가 많고, 숙소에서 운영하는 프로그램이 많아 여행자들 사이의 교류가 있는 편입니다. 저렴한 숙박 형태를 선호하고 여행자들과의 적극적인 교류를 원하는 사람에게 추천할 만한 숙소입니다. 요즘은 한옥 게스트하우스도 많이 생기고 있는데, 일반 게스트하우스보다 가격이 조금 있는 편이지만 한옥 특유의 고즈넉함으로 여행이 더욱 특별해진다는 장점이 있습니다.

마지막으로 공유 숙박이란, 남는 방이나 빈집을 여행자에게 단기로 임대하는 것을 말합니다. 호텔보다 저렴하고, 관광객으로 붐비지 않는 동네에서 그곳에 사는 이들의 일상 깊숙이 들어갈 수 있다는 매력이 있습니다. 전형적으로 호텔이나 호스텔이 모여 있는 곳이 아니라 정말 사람들이 사는 동네 곳곳에 숙소가 있기 때문입니다. 집주인과 여행자의 니즈가 맞물리면서 세계적으로 공유 숙박 붐이 일고 있는데, 그중 대표적인 플랫폼이 '에어비앤비 Airbnb' 입니다.

에어비앤비 숙소는 크게 세 가지로 나뉘는데, 방 하나만 빌려서 집주인(호스트)과 집을 공유하는 개인실 형태, 집 전체를 렌트하는 형태, 게스트하우스처럼 여러 게스트와 집을 공유하는 다인실 형태입니다. 개인실은 마음이 잘 맞는 호스트를 만난다면 현지인과 교감할 수 있다는 장점이 있습니다. 하지만 독립적인 공간을 선호하고 간섭받는 걸 원하지 않는 사람이라면 오히려 여행에 방해가 될 수도 있습니다. 반대로 집 전체를 렌탈하면 여행 중 정말 내 집이 생긴 것 같은 기분을 느낄 수는 있지만 사람들과 어울리는 것을 좋아하는 성향이라면 조금 외로울 수도 있습니다. 에어비앤비 사이트의 호스트 소개와 객실 후기를 통해 나와 맞는 숙소인지 미리 체크해보세요.

한 가지 더, 친구나 지인의 집도 훌륭한 숙소가 될 수 있습니다. 당연한 이야기이지만 친구 집에 놀러 가는 것은 동서고금을 막론하고 가장 즐거운 여행입니다. 여행지를 정하면, 그 지역에 사는 친구가 있는지 찾아서 연락해보세요. 거꾸로 친구 목록을 보면서 여행지를 정하는 것도 방법입니다. 여행의 즐거움에 더하여 잊었던 친구를 찾는 즐거움, 추억을 곱씹는 즐거움도 따라올 수 있습니다. 하지만 나만의 시간을 갖기는 좀 어렵겠죠. 자신의 취향과 원하는 여행의 콘셉트에 맞게 적합한 숙소를 선택해보세요.

여행의 '깊이'는 사람이 만든다

에어비앤비 같은 공유 숙소는 호텔이나 게스트하우스에 비해 낯설 테니 저만의 팁을 조금 더 드릴게요. 공유 숙소를 선택할 때는 사람들이 남긴 숙박 후기를 둘러보는 것이 가장 일반적인 방법이지요. 하지만 좀 더 특별한 경험을 해보고 싶다면 '업자'가 운영하는 것처럼 보이는 완벽한 숙소보다 조금은 어설픈 숙소에도 도전해보세요. 그런 곳일수록 좀 더 자연스러운 환대를 받을 가능성이 높고, 로컬의 생생함을 느낄 확률도 높으니까요. 이제 막 공유 숙박을 시작한 호스트는 손님 한 사람 한 사람이 신기하고 감사해서 많은 것을 제공하려고 하거나 손님들과 소통하고 싶어 하는 경향이 있습니다. 그래서 저는 역에서 멀고, 시작한 지 얼마 되지 않아 보이는 숙소를 즐겨 찾곤 합니다.

공유 숙소를 예약할 때는 호스트에게 자기소개와 여행하는 이유를 담은 인사말을 정성스럽게 남겨보세요. 숙박업도 결국 사람이 하는 일입니다. 스쳐 지나갈 것 같은 사이도 이야기가 흐르면 인연이 됩니다. 그러면 뭐라도 하나 더 알려주고 싶어지는 게 인지상정이지요. 주인이 아껴두었던 정보나 팁을 얻게 될 수 있습니다. 그렇지 않더라도 적어도 친구가 될 수 있겠지요. 꼭 돈을 내서 서비스를 받는 것이라고만 생각하지 마세요. 여행 중 만나는 모두가 같은 여행자라는 마음이 좋은 여행을 만듭니다.

기회가 된다면 호스트뿐만 아니라 동네 사람들과 대화를 나누거나 시간을 함께 보내보길 추천해요. 먼저 다가가기가 어렵다면 미리 작은 선물을 준비해가서 건네는 것도 좋습니다. 또 상대가 작은 초대를 제안한다면 평소에 적극적인 성격이 아니더라도 그 제안을 한번 받아들여보세요. 여행지에서 만난 낯선 사람과 제대로 된 교감을 나누는 것은 그 자체만으로도 여행입니다. 평생 모를 수도 있었던 새로운 세계를 알게 되고, 비밀스러운 가게를 찾게 되고, 동네의 숨은 이야기를 들을 수도 있습니다. 그 인연이 또 다른 인연을 불러올지도 모르고요.

TOUR GUIDE

나는 독립된 공간이 중요한데 사람으로 붐비는 게스트하우스에 묵거나, 반대로 새로운 사람과 만나는 즐거움을 좋아하는데 조용한 호텔에 묵는다면 여행이 즐겁지 않겠지요. 나에게는 어떤 숙소가 잘 맞을까요?

혼자서 조용한 시간을 보내고 싶어요.
호텔, 에어비앤비 집 전체 렌탈

새로운 사람들과 교감하고 친해지고 싶어요.
대형 게스트하우스, 다국적 게스트하우스

현지인처럼 여행하고 싶어요.
에어비앤비를 통해 동네 깊숙이 위치한 숙소 구하기

여행객, 현지인과 교감하되 개인 공간은 보장받고 싶어요.
게스트하우스 독립 룸, 호스트와 교감할 수 있는 에어비앤비의 개인실

저렴하게 숙박하고 싶어요.
도미토리형 게스트하우스

배낭은 가볍게, 시간은 여유롭게

작은 여행의 준비는 가벼울수록 좋습니다. 목적지를 정하고 숙소를 예약했다면 세면도구와 잠옷, 간단한 화장품만 챙기세요. 혹시나 하는 걱정 때문에 안고 가는 많은 것들이 여행을 무겁게 만듭니다. 우리는 준비하는 스트레스 없이 훌쩍 떠나고, 짐을 푸는 순간부터 바로 여행을 시작해야 합니다. 더불어 빡빡하게 여행 계획을 세우는 버릇도 잠시 내려놓기로 해요. 가고 싶은 공간 하나, 해보고 싶은 체험 한 가지만 선택하거나 아예 아무 계획 없이 떠나보는 거예요. 시간의 빈틈, 배낭의 빈 곳에 새로운 여행의 재미를 하나씩 채워가면서요.

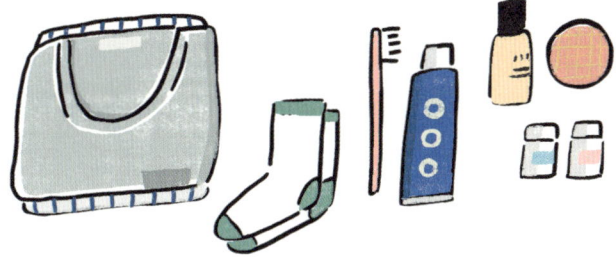

TOUR GUIDE

최소한의 짐을 꾸릴 때 함께 챙겨도 좋을 만한 것들을 소개해드릴게요. 먼저 내 취향이 깃든 물건들을 챙겨보세요. 내가 좋아하는 책, 와인, 차, 음악, 초콜릿, 사진기 등 부피가 작으면서도 여행에 꼭 함께하고픈 것들이 있다면 챙깁니다. 하지만 이것도 두 가지는 넘지 않도록 하세요. 챙길 것이 많으면 거기에 신경 쓰느라 여행을 즐길 시간이 줄어듭니다.

여행지에서 만날지도 모를 소중한 인연을 위해 작은 선물을 준비하는 것도 좋아요. 정말 사소한 것도 괜찮아요. 새로운 사람과 인연이 되었을 때, 누군가에게 고마운 마음을 전할 때 이 작은 선물이 큰 힘을 발휘할 거예요.

옆 동네 여행, 저는 이렇게 다녔습니다

저는 서울시 마포구 합정동에 삽니다. 옆 동네만 가도 여행이 가능하다는 걸 깨닫고는 거의 매달 작은 여행을 다니고 있습니다. 처음 가본 곳은 걸어서 20분 거리인 연남동이었어요. 저녁 약속으로 수없이 다녔던 동네인데도 숙박을 한다는 이유만으로 풍경이 달라 보였습니다. 다음 여행지는 대중교통으로 15분 거리에 있는 문래동이었어요. 관광객이 다 빠져나간 문래 예술촌의 밤 12시. 거주 예술인들이 거리에 나와 잼(즉흥 합주)을 펼치는 모습은 전혀 다른 시공간에 있는 듯한 기분을 느끼게 해주더군요. 다음에는 조금 더 멀리, 대중교통으로 30분 거리인 평창동에 숙소를 잡고 짐을 풀었습니다. 인적 드문 거리와 큰 갤러리 사이를 걸으니 멀리 유럽의 어느 도시에 와 있는 것 같았어요. 단지 숙소를 잡았을 뿐인데 그 효과는 대단했습니다.

오늘은 북촌 여행을 가기로 마음먹은 날입니다. 어젯밤에 결정했기 때문에 숙소도 급하게 잡았습니다. 오후 6시, 슬슬 내려앉는 붉은 해를 등지고 안국역으로 가기 위해 지하철을 탔습니다. 지하철로 22분. KTX보다도 빠르게 여행지에 도착했습니다.

북촌과 삼청동은 워낙 많이 놀러 왔던 곳입니다. 익숙한 길을 따라 올라가는 동안 크고 작은 갤러리를 지나칩니다. 현대미술관도 보입니다. 지금은 이미 폐관을 했지만 아침이 오면 첫 관람객이 되어 미술관을 구경할 수도 있겠네요. 벌써부터 여유로운 기분이 듭니다. 붐비기 시작하는 삼청동 거리를 가벼운 발걸음으로 걷습니다.

오늘 머물 숙소에 도착했습니다. 커다란 한옥입니다. 평일인데다 성수기도 아니어서 한산합니다. 묵직한 나무 문을 살짝 열자 네모 반듯한 중정이 펼쳐집니다. 저도 모르게 탄성이 터집니다. 정말 아름답습니다. 사장님이 오늘은 게스트하우스의 모든 방이 비어 있으니 가장 좋은 방에 머물라며 안내해줍니다.

뜨거운 물로 샤워를 하고, 가지고 온 와인과 빵을 꺼내 아무도 없는 한옥 툇마루에 앉습니다. 좋아하는 음악을 들으며 혼자 여행 온 기분을 한껏 즐깁니다. 바깥은 관광객들로 붐빌 테지만 여기는 밖과 완전히 분리된 곳이니까요.

여행의 의미는 새로운 눈을 가지는 데 있다

숙소에 짐을 풀었으니 진짜 여행을 시작해볼까요? 몸은 홀가분해졌고, 돌아올 곳도 생겼으니까요. 이제 각자 자신만의 방식으로 옆 동네 여행을 즐겨보세요. 우연히 발견한 예쁜 가게를 구경해도 좋고, 멋진 카페에서 시간을 보내거나 사진을 찍고 그림을 그리는 여행도 좋습니다. 오늘만큼은 현지인 모드가 되어 동네 사람들이 가는 식당에서 저녁을 먹고, 동네를 산책하는 것도 재미있겠네요. 정해진 건 없습니다. 각자의 취향과 방식에 맞게 여행을 하면 됩니다. '퇴근 후 여행'에서 소개한 여행법들을 활용한다면 더욱 다채로운 옆 동네의 모습을 경험할 수 있을 것입니다. 혼자서도 충분히 즐거울 테지만, 그 동네 근처에 사는 친구를 초대해 저녁 식사를 하거나 우연히 만나게 된 인연들과 대화를 나누는 등 누군가와 함께 여행을 해보는 것 또한 즐거운 일이겠지요.

여행의 방식에는 어떤 제약도 없지만 잊지 말아야 할 한 가지가 있습니다. 퇴근 후 여행처럼 옆 동네 여행 또한 '나를 데리고 가는 여행'이라는 것입니다. 다른 사람이나 SNS에 보여주기 위해 여행하는 것이 아니라 내가 원하고, 내가 즐거운 여행을 하세요. 정신없이 사진만 찍느라 아름다운 풍경을 놓치거나 너무 빡빡한 계획 때문에 쉽게 지치지 않도록요. 내 마음이 원하는 것을 하고, 내가 아름답다고 느끼는 것들에 조금 더 집중합니다.

마지막으로 꼭 추천해드리고 싶은 일이 있는데요. 바로 밤늦은 시간과 이른 아침에 동네를 둘러보는 것입니다. 관광객이 다 빠져나간 조용한 밤에 편안한 차림으로 동네를 거닐면 그곳에 사는 사람만 볼 수 있는 풍경들을 즐길 수 있거든요. 또 여행자의 입장이 되어서 아침에 출근하는 사람들의 모습을 바라보는 것도 색다른 경험입니다. 용무가 있어서 잠깐 들렀다면 결코 볼 수 없었던 것들을 보고, 느낄 수 있어요. 어느새 낯선 동네가 우리 동네처럼 편하게 느껴질 겁니다. 이 모두가, 숙소가 있는 여행이기 때문에 가능한 일이지요.

TOUR MAP

한눈에 보는
옆 동네 여행

☞ 총 소요시간 : 짧은 1박 2일
☞ 준비물 : 세면도구와 잠옷

어디로 떠날까?
- 평소에도 좋아하던 동네
- 걸어서 갈 수 있는 가까운 동네
- 주말에 북적이는 관광지
- 조금 멀리 도시 외곽

취향에 맞게 숙소 예약하기
- 호텔
- 게스트하우스
- 에어비앤비 등 공유 숙소
- 친구나 지인의 집

가볍게 떠나기
- 세면도구와 잠옷 등 간단한 짐
- 빡빡하게 여행 계획 세우지 않기

| 숙소에 짐을 풀고, 옆 동네 여행 시작 |

| 어떻게 여행할까? | "내 마음이 원하는 것을 하기"
- 예쁜 가게, 관광지 구경하기
- 멋진 카페에서 시간 보내기
- 사진, 그림 등 취미 여행
- 친구와 함께 저녁 식사 |

| 늦은 밤, 이른 아침에 하는 동네 산책 | "그곳에 사는 사람만 볼 수 있는 비밀스러운 모습" |

| 일상으로 돌아오기 | "다음엔 어느 동네로 갈까?" |

A SMALL TRIP GUIDE

COURSE

- 3 -

작은 여행의 확장,
사교육 여행

BEGINNING STORY

우울감에 빠져 지내던 시기가 있었어요.
믿었던 사람에게 배신감을 느끼기도 했고 자신에게 실망도 컸죠.
그러다 우연히 제 옆을 지나는 한 외국인의 얼굴을 봤어요.
그녀의 얼굴은 설렘과 즐거움으로 빛나고 있었어요.
나와 너무 달라 보였죠.
수도 없이 보아온 전형적인 여행자의 얼굴이었는데,
그날따라 넋을 놓고 쳐다봤습니다.
실례일지 모르는데도 그녀에게 말을 걸었어요.
"안녕. 오늘 왜 그렇게 기분이 좋아?"
"응? 왜라니? 난 지금 서울에 있잖아.
서울에 와보는 게 버킷리스트였다고."

순간 머리를 쿵 얻어맞은 기분이었어요.
버킷리스트.
오랫동안 잊고 살았던 그 단어가 계속 맴돌았습니다.
그때 저는 남는 방을 활용해 에어비앤비를 운영하고 있었는데요.
자신의 버킷리스트를 실현하기 위해
내 집을 찾는 여행객들을 매일 보면서도
정작 내 버킷리스트를 이뤄볼 생각은 해보지도 않았던 거죠.

이렇게 처져 있을 게 아니라 평소에 해보고 싶었던 버킷리스트를
전부 다 한번 해보자고 생각했습니다.
마침 살면서 그때처럼 여유 시간이 많았던 적도 없었거든요.
굴러다니던 다이어리를 펼쳐서 생각나는 대로 적었어요.

- 요트 라이프 즐기기
- 자메이카에서 바텐더 되기
- 요가 배우기
- 남미에서 살사 댄스 배우기

막상 적어놓고 보니 웃음이 나왔어요.
지금의 나와는 너무 동떨어진 것들이었으니까요.
대부분 어린 시절의 로망이거나,
여행이나 영화에서 간접적으로 본 것들이었습니다.
하지만 '그렇다고 못 할 이유는 없잖아?'라고 마음을 바꾸고,
어떻게든 도전할 방법을 찾기 시작했습니다.
'지금 해외를 나가는 건 불가능하니까 일단 한국에서 배워보자.
어딘가 배울 데가 있겠지' 하고요.
가장 쉬운 방법을 써보기로 했습니다. 바로 인터넷 검색이었어요.

· ·

그랬더니,

- 요트 자격증 취득
- 여의도 서울요트협동조합
- 홍대 칵테일 기초 6주반
- 살사 동호회에서 저렴하게 배워보세요 등등

놀랍게도 요트부터 살사까지 없는 클래스가 없었어요.
우리나라가 사교육 강국이라는 것을 새삼 느낄 수 있었죠.
평소에는 관심도 없던 사설 교육기관들의 광고가
마치 나를 미지의 세상으로 데려다줄 비행기 티켓처럼 보였습니다.
여러 수업 중에서도 가장 싸고 짧은 코스에 도전해보기로 했어요.
새로운 세계로 처음 발을 떼려니 두려웠지만
용기를 냈습니다.

"저… 거기서 요트를 배울 수 있나요?"

걱정과 달리 사람들은 어설픈 초보를 반겨주었어요.

그리고 요즘은,

동떨어졌다고 생각하던 세계를

익숙하게 즐기고 있는 나 자신을 발견합니다.

요트는 제 삶의 중요한 일부가 되었고,

웬만한 칵테일은 직접 만들 수 있고, 살사를 추는 사람이 되었습니다.

그리고 어떻게 그리 즐거워 보이냐며,

얼굴에서 빛이 난다는 말을 자주 듣기 시작했어요.

그렇게 꿈꾸던 세상을 여행하는 가장 쉬운 방법을 알게 되었습니다.

'못 할 건 없잖아!'라고 마음속으로 외친 뒤,

그 세계에 대해 가장 잘 알려주는 곳에 수강 문의를 하는 것.

그 일이 당장 돈을 더 벌게 해주거나

인생의 문제를 해결해주지는 않겠지만

분명 인생을 훨씬 즐겁게 만들어줄 거예요.

VIEW POINT

"요트를 배우면서 지중해 바다를 느끼고,
일본 요리를 배우면서 일본을 경험하고,
스페인어를 배우면서 남미 여행을 떠납니다."

관점을 바꾸자
여행이 시작되었습니다.

여행자의 마음으로 떠나는 배움 여행

대한민국은 정말이지 엄청난 사교육 강국이지요. 직장인 어학 강좌와 각종 취미·레저 수업까지. 어떻게 보면 우리는 돈만 내면 무엇이든 배울 수 있는 나라에 살고 있는 겁니다. 이런 배움을 자기계발로만 생각하지 않고, 새로운 세계를 만나는 여행이라고 관점을 바꿔보면 어떨까요? 이것이 바로 제가 추천하는 작은 여행 세 번째 코스, '사교육 여행'입니다. 좋아 보이지만 '내가 뭘'이라는 생각으로 마음 한구석에 접어두었던 것들을 여행자의 마음으로 배워보는 것이죠. 인터넷으로 찾아보면 수없이 많은 정보가 있습니다. 가까운 곳에서, 가벼운 과정부터 시작해보세요.

사교육 여행의 가장 큰 장점은 다양한 세계를 여행할 수 있다는 점입니다. 마음만 먹으면 무엇이든 대중교통을 타고 가서 배울 수 있습니다. 살사를 추며 스페인을, 뮤지컬을 배우며 뉴욕을, 요가와 함께 인도 여행을 떠날 수도 있지요. 이러한 문화콘텐츠들은 그 문화권의 역사와 색채를 그대로 담고 있습니다. 한 달에 단 몇만 원을 지불하기만 하면 그 환상적인 세계를 만날 수 있죠.

사교육 여행의 두 번째 장점은 내가 꿈꾸던 세계에 쉽게 접근할 수 있다는 점입니다. 누구에게나 동경하는 세계가 있습니다. 하지만 그곳에 닿는 길을 잘 알지 못하죠. 그 세계에서 이미 활발히 활동하고 있는 사람들을 가장 쉽고 빠르게 만나는 방법이 있는데, 바로 그들이 운영하는 수업의 수강생이 되는 것입니다. 그들은 이제 막 자신의 세계에 들어온 당신을 위해 지금까지 쌓아온 노하우를 아낌없이 줄 것입니다. 그들의 열성적인 학생이 되어보세요. 내가 꿈꾸던 세계와 동경하던 사람들이 아주 빠르게 나의 일상에 들어오게 될 것입니다.

사교육 여행을 통해 비슷한 취향을 가진 사람들을 만날 수도 있습니다. 새로운 세계로 여행을 떠난다고 해도 그곳이 낯설고 불편하다면 좋은 여행을 할 수 없겠죠. 하지만 우리 곁엔 나를 가르쳐주었던 선생님, 함께 배운 학생들이 있기 때문에 편안한 마음으로 마음껏 배우고 여행할 수 있습니다.

우리는 이 여행을 위해 비행기 표를 사지 않아도 됩니다. 필요한 것은 '사교육으로도 여행을 할 수 있다'는 작은 관점의 변화와 새로운 세계에 발을 들여놓을 용기뿐. 하지만 이 여행의 효과는 실로 큽니다. 어느 순간 어릴 때 가졌던 꿈을 실현하고 있는 나를, 여행자처럼 자유로워진 나를 발견하게 될 테니까요.

당신의 버킷리스트는 무엇입니까

우리는 지금 '작은' 여행을 하고 있습니다. 뭔가 새로운 것을 배운다고 해서 너무 어렵게 생각하지 말고, 가벼운 마음으로 시작해보세요. 장비부터 사거나 회원권을 끊거나 바로 동호회에 가입하는 것은 무거운 여행입니다. 자칫하면 여행이 아니라 또 하나의 의무가 되어 금방 지칠 가능성이 높지요. 무료 이벤트나 원데이 클래스를 활용해서 첫 시도를 해보세요. 장비가 필요하다면 빌려서 시작하는 걸 추천합니다. 선택한 여행이 마음에 들지 않을 수도 있으니까요. 그럴 땐 여행지를 바꿔서 훌쩍 다른 곳으로 떠나면 되거든요. 여러 가지 중에 기분을 좋게 해주고 내게 잘 맞는 여행이 있을 겁니다.

이제 첫 번째 여행지를 정해봅시다. '퇴근 후 여행'에서 자신이 무엇을 좋아하는지 가만히 잘 살펴보라고 말씀드렸는데요. 그것의 연장선이라고 할 수 있습니다. 마음속에 품은 작은 욕망이 있는지, 오래전부터 가지고 있던 로망은 없는지 떠올려보세요. 그리고 그것과 관련된 배움 과목이 무엇일지 생각해보는 겁니다. 단, 이 여행을 즐기려면 자신에게 솔직해져야 합니다. 자칫 이것마저도 남에게 보여주기식이 될 수 있으니까요. 남들이 다 한다고 해서, 요즘 유행이라고 해서 배우는 건 의미가 없습니다.

'나는 조용한 시간을 좋아하는구나. 명상이나 요가는 어떨까?'
'나는 술을 좋아하니까 카테일 만드는 걸 배워볼까?'
'조용히 끄적거리는 게 좋은데, 글쓰기 수업을 들어볼까?'
'좋은 향을 맡으면 행복해지던데. 조향을 한번 배워볼까?'
'예전부터 높은 곳에 올라가보고 싶었어. 클라이밍은 어떨까?'
'오늘 처음으로 발레를 봤는데, 정말 아름답네. 나도 해볼까?'
'강물 위에 있으면 기분이 어떨까? 그렇다면 카약을?'

평소에 해보고 싶었던 것, 배우고 싶었던 것들을 버킷리스트처럼 적어보는 것도 좋은 방법입니다. '파리에서 근사한 꽃집을 열고 싶다', '사람을 감동시키는 영화배우가 되고 싶다' 같은 구체적인 로망도 좋습니다. 핵심은 '하고 싶은 것'을 적는다는 데 있어요. 할 수 있는지 아닌지는 나중에 고민하고, 우선 적으세요. 현실적인 상황들을 내려놓고 리스트를 가만히 바라보면서, 실제로 그 꿈을 이룬 내 모습을 상상해보세요. 그리고 '못 할 건 또 뭐야!'라고 외쳐보세요. 새로운 세계로 발을 내디딜 용기가 생길 겁니다. 당장 파리로 가서 꽃집을 열 수는 없겠지만 집 근처에서 플라워 클래스를 듣는 것부터 시작할 수는 있습니다. 꽃을 다룰 줄 알아야 꽃집을 할 수 있고, 커피를 만들 줄 알아야 카페를 열 수 있으니까요.

그것을 하면 이상하게 잡념이 사라지는 것, 왠지 마음이 끌리는 것, 오랫동안 꿈꿔왔던 것에 도전하고 조금씩 빠져보세요. 그러다가 마음이 잘 맞는 세계를 만난다면 조금 더 자주 그곳으로 여행을 가고, 동호인의 세계까지 나아가보는 것도 좋습니다. 지루하던 일상이 점점 더 재밌어질 거예요.

TOUR GUIDE

내가 무엇을 좋아하는지 알게 되었다고 해도 그 작은 욕망을 실현하기 위해 구체적으로 무엇을 배우는 게 좋을지는 쉽게 떠오르지 않을 수 있습니다. 그럴 때는 반대로 사교육 과목들의 리스트를 카테고리별로, 항목별로 둘러보며 배우고 싶은 '충동'이 드는 아이템을 탐색해보세요. 예를 들면 아래와 같은 것들이 있습니다.

- **스포츠** : 크로스핏, 펜싱, 승마, 골프, 주짓수 등
- **아웃도어 액티비티** : 캠핑, 낚시, 스쿠버다이빙 등
- **손으로 만들기** : 캔들, 도자기, 가죽 공예, 목공 등
- **그림 그리기** : 수채화, 민화, 웹툰, 드로잉 등
- **춤** : 발레, 스윙댄스, 밸리댄스, 탱고 등
- **음악** : 디제잉, 보컬, 작사, 작곡 등
- **악기** : 피아노, 기타, 플루트, 우쿨렐레, 드럼, 하모니카 등
- **전통악기** : 가야금, 해금, 장구 등
- **음식** : 동남아 요리, 프랑스 요리, 베이킹 등
- **술과 음료** : 칵테일, 커피, 맥주, 와인 등
- **뷰티** : 메이크업, 헤어, 네일 등
- **컴퓨터** : 3D프린팅, 편집디자인, 웹디자인, 영상편집 등
- **언어** : 일본어, 중국어, 스페인어 등
- **내 안으로 떠나기** : 명상, 다도, 글쓰기 등
- 마술, 타로 등

'공부'하지 말고 '여행'하세요

좀 더 다양한 클래스를 찾고 싶은 분들을 위해 제가 자주 이용하는 온라인 소셜 플랫폼들을 알려드리겠습니다. 플랫폼마다 조금씩 성격이 다르기 때문에, 여러 도시를 소개하는 여행 가이드북을 보듯이 설레는 마음으로 살펴보면 좋겠습니다. 일종의 사교육 카탈로그라고 생각하면서요.

첫 번째로 소개해드릴 곳은 '프립 frip.co.kr'이라는 서비스입니다. 아웃도어 활동에 초점을 둔 소셜 액티비티 플랫폼인데요. 수준 높은 호스트들이 다양한 원데이 클래스와 여행, 운동, 취미 프로그램을 제공하고 있습니다. 내가 있는 곳 주변, 내가 시간이 나는 날짜에 어떤 프로그램이 있는지 살펴보고 끌리는 것을 찾아보세요. 일상 가까운 곳에서 다이내믹한 즐거움을 얻을 수 있습니다. 저는 프립에서 진행하는 아침 요가 프로그램에 용기를 내어 참여한 적이 있는데요. (아무래도 요가 수업은 남성보다 여성 비율이 높다 보니 더 용기가 필요했습니다.) 그날은 그 수업 덕분에 1년 중 가장 평화로운 주말 아침을 맞이할 수 있었습니다. 심지어 무료였고요.

두 번째는 소셜 다이닝 플랫폼 '집밥zipbob.net'입니다. 함께 모여서 밥을 먹는 모임을 운영하고, 문화, 예술, 봉사, 공예 등 다양한 분야의 취미 활동을 공유하도록 돕고 있습니다.

세 번째는 독서 모임 플랫폼 '트레바리trevari.co.kr'입니다. 언뜻 보기엔 '독서'라는 한 분야를 다루는 것 같지만 80여 개의 다양한 주제 중 하나를 골라 모임을 할 수 있어서 고르는 즐거움이 있습니다. 같은 관심사를 가진 사람들과 함께 읽고, 쓰고, 대화하면서 지적 소통을 하고 친밀감도 쌓을 수 있게 됩니다.

네 번째는 언어 교환, 레저, 파티 등 관심사가 같은 사람들이 함께 활동할 수 있도록 연결해주는 글로벌 플랫폼 '밋업meetup.com'입니다. 거주 도시와 관심사에 맞게 소모임에 가입하도록 해주며, 세계적으로 10만 개가 넘는 모임이 운영되고 있습니다. 국내에서 진행되는 모임도 대부분 영어로 이루어지고, 실제로 외국인들도 많이 참여하기 때문에 국제 교류를 원하는 분들에게 추천합니다.

온라인 플랫폼에는 저렴한 가격으로 올라오는 프로그램들이 꽤 있는데요. 대체로 플랫폼에서 필터링 작업을 거치기 때문에 신뢰도가 높고, 소수가 아닌 다수를 대상으로 해서 수업료도 저렴합니다. 상급자밖에 없을까 봐 걱정된다면 초급자를 대상으로 하는 원데이 클래스나 게스트데이를 이용해보세요.

클래스의 형태를 벗어나 1박 2일, 2박 3일로 진행되는 국내 캠프 프로그램도 있습니다. 외딴 섬에서 생존 체험을 하게 해주는 무인도 탐험대 '이카루스', 가까운 도심에서 휴식을 취하면서 낯선 사람들과 인생에 대해 토론하는 '라이프 셰어', 제주도의 아름다운 자연 속에서 코딩을 배우는 '노마드 코더' 등도 참고해보세요.

동호회나 국비 지원 교육에서도 다양한 사교육 과정들을 찾아볼 수 있습니다. 주민센터, 구 체육센터나 각종 문화센터, 평생학습관 등을 방문해보세요. 영어, 일본어, 중국어 등의 언어 수업부터 요가, 낚시, 배드민턴, 볼링, 탁구 등의 스포츠까지 생각보다 다양하고 질 높은 교육을 집 근처에서 받아볼 수 있습니다. 다 뒤졌는데도 원하는 프로그램을 찾지 못했다면 자격증 과정을 살펴보는 것도 방법입니다. 취미 수업보다 조금 딱딱할 수 있지만 멋진 여행 코스가 되기엔 충분합니다.

다양한 문화 행사가 정기적으로 열리는 오프라인 공간도 있습니다. 독립서점 '북바이북', '최인아 책방' 등에서는 작가 강연, 취미 클래스, 작은 음악회 등이 펼쳐집니다. 코워킹 스페이스 '인생쌀롱'에서는 낯선 사람과의 교류 프로그램과 와인 등의 클래스도 만날 수 있습니다. 퇴근길에 훌쩍 여행을 떠나기 좋은 공간들입니다.

오프라인 수업에 참여할 수 없는 분들에게는 온라인 수업을 추천합니다. 방 안에 앉아서 다양한 세계와 접촉하는 즐거움을 누릴 수 있고, 가격까지 저렴합니다. 사실, 어디서 어떻게 배우는지는 크게 중요하지 않습니다. 우리는 지금 '공부'가 아니라 '여행'을 하려 한다는 사실을 잊지 않는다면, 훨씬 더 가볍고 즐거운 마음으로 프로그램을 고를 수 있을 거예요.

TOUR GUIDE

배울 곳을 찾는 몇 가지 간단한 노하우를 소개합니다. 다음과 같은 과정을 거치면 대부분 내가 원하는 과정을 찾을 수 있습니다.

1. 검색

인터넷에 배우고 싶은 키워드와 지역 이름을 함께 검색합니다. 검도+김포, 커피+광주, 글쓰기+마포구와 같은 방식으로요. 내가 일하거나 거주하는 곳 근처에서 들을 수 있는 수업들을 바로 찾을 수 있어요.

2. 커뮤니티 가입

해당 키워드로 블로그, 카페, SNS를 뒤져보고 커뮤니티가 형성되어 있다면 가입합니다. 관심사가 비슷한 사람들이 모여 있기 때문에 관련 정보를 얻기 쉽습니다.

3. 수강 문의

원하는 수업을 찾았다면 상담을 신청하거나 '저도 배울 수 있나요?'라고 문의하세요. 상담만 신청해도 반은 성공입니다. 상대방은 분명 할 수 있다고 용기를 줄 테니까요.

4. 조력자 찾기

온라인에서 검색되지 않을 땐 이미 그것을 하고 있는 지인을 찾아보거나 새로운 사람을 소개받아서 어떻게 시작해야 할지 물어보세요. SNS에 글을 올려서 도움을 줄 사람을 찾는 방법도 의외로 효과적입니다.

칵테일을 배우고부터 달라진 것

저는 얼마 전에 칵테일을 배웠습니다. 영화 〈칵테일〉에 나오는 톰 크루즈를 본 뒤로 언젠가는 꼭 한번 배워보고 싶었거든요. 하지만 저와는 동떨어진 세계라고 생각하며 지냈는데, 사교육 여행을 하기로 마음먹고 찾아보니 생각보다 기회는 가까이에 있었습니다. 검색해보니 서울에만도 수많은 칵테일 아카데미가 있더라고요. 심지어 집에서 버스 한 정거장 거리에 칵테일 학원이 있었어요.

자격증 과정은 아무래도 스트레스를 받을 것 같아서 창업 과정을 선택했습니다. 창업 과정의 비용은 총 35만 원. 그리 싸지는 않았지만 재료비가 많이 드는 수업이어서 그렇다고 했습니다. 하루에 4~5개씩 칵테일 만드는 법을 배웠고, 베이스와 리큐르를 바꾸기 때문에 매 수업마다 20~30가지의 술을 시음했습니다. 위스키, 진, 보드카…. 술마다 담겨 있는 그 나라의 이야기와 역사를 듣고 맛을 보니 정말 세계를 여행하는 듯했어요.

열심히 들을수록 술기운이 도는 수업 덕분에 처음엔 어색했던 수강생들과도 코스를 마칠 즈음엔 많이 친해졌습니다. 지금까지 살면서 들었던 수업 중에 가장 멋졌던 것 같아요. 직접 만든 칵테일을 친구들에게 권하는 것도 즐거웠고요. 남대문 시장에서 칵테일 재료와 용품을 구매하는 것도 색다른 여행이 되었습니다. 코스를 마친 뒤에도 종종 학원에서 운영하는 바에 들러 어떤 날은 영국, 어떤 날은 일본이나 미국으로 여행을 떠나곤 합니다. 그렇게 칵테일 여행이 제 삶의 일부가 된 거죠.

일상에서 할 수 있는 수많은 '모험'들

뭔가를 배우려면 돈이 든다고 움츠러들 수도 있습니다. 하지만 사교육 여행의 경비는 제주도 2박 3일 여행보다 저렴합니다. 게다가 그 즐거움이 짧게는 몇 달, 길게는 평생 가죠. 하나의 언어를 알게 되고, 하나의 스포츠를 즐기게 되고, 하나의 예술 놀이를 할 수 있게 되고, 그 취미 하나로 같은 취향을 가진 전 세계의 친구들과 사귈 수 있다는 걸 생각하면 결코 큰돈이 아닙니다.

최근 제가 직접 가본 사교육 여행 코스는 요트, 요가, 살사, 암벽등반, 칵테일, 편집디자인 등이었는데요. 무료 또는 월 몇만 원 정도가 대부분이었고, 비싼 편이었던 요트도 30만 원을 내고 자격증까지 딸 수 있었습니다. 덕분에 '1년에 한 번 요트로 여행하기'와 같은 새로운 버킷리스트도 생겼고요. 사교육 여행을 시작하기 전에는 상상도 못 했던 일입니다.

앞서 소개한 온라인 소셜 플랫폼에서 제공하는 원데이 클래스의 경우 일반적인 정규 과정보다 훨씬 저렴합니다. 교육을 제공하는 사람들도 그 기회를 통해 최대한 많은 사람들에게 자신의 세계를 알리려고 하기 때문에 부담 없는 가격으로 수업을 제공해요. 또 대부분의 국내 동호회는 월 5만 원 선의 참가비로 활동할 수 있고, 비교적 가격이 있는 편인 자격증 과정도 30만 원을 넘지 않는 수준입니다. 자격증의 경우 직장인 지원, 재취업 교육 지원, 국비 지원 등의 과정을 선택하면 상당한 비용을 되돌려 받을 수 있어요.

나의 꿈을 위해 스스로에게 작은 선물을 해보세요. 지금까지 '생존'을 위해 필요하다고만 생각했던 사교육의 이미지가 '모험'으로 바뀌는 경험을 하게 될 것입니다. 일상에서 접할 수 있는 모험이 이렇게 많았다는 사실에 놀랄 거고요. 눈여겨본 적 없던 문화센터 브로슈어가 흥미롭게 보이기 시작했다면 당신은 이미 훌륭한 여행자입니다.

TOUR GUIDE

나에게 잘 맞는 사교육 여행지를 찾았나요? 그렇다면 그 세계로 자주, 꾸준히 여행을 떠나세요. 여행이 익숙해졌다면 다음과 같은 방법으로 더 깊은 여행을 해볼 수도 있습니다.

원데이 클래스 후 더 배워보고 싶은 마음이 든다면 정규 과정에 등록해보세요.

동호회, 크루crew 등에 가입해서 같은 것을 좋아하는 사람들과 교류하며 함께 배워보세요. 사람을 만나는 것을 선호하지 않는다면 계속해서 독학을 해도 됩니다.

나의 취미를 테마로 삼아서 해외여행을 떠나보세요. 그림 여행, 연주 여행, 사진 여행 등 다양한 형태가 될 수 있습니다.

어느 정도 배움을 이어나간 뒤에는 발표회, 공동 전시회 등을 기획하고 친구들을 초대해보세요. 자신의 활동을 묶어 소식지나 책을 낼 수도 있고, SNS 채널을 운영할 수도 있어요. 단순히 나만의 여행으로 끝나는 것이 아니라 많은 사람과 작은 여행을 공유하는 것이죠. 주변 지인들과 함께 작은 여행을 떠날 수 있는 방법은 다음 코스 '일상에 초대하기'에서 더 자세히 알려드릴게요.

TOUR MAP

한눈에 보는
사교육 여행

☞ 총 소요시간 : 1~3시간
☞ 준비물 : 월 몇만 원 정도의 수업료

버킷리스트
써보기
- 해보고 싶은 것
- 배우고 싶은 것
- 마음속 로망

배우고 싶은
프로그램 찾기
- 온라인 검색
- 온라인 소셜 플랫폼 둘러보기
- 관련 커뮤니티 가입
- 문화센터, 평생학습관에 문의하기
- 동호회, 국비 지원 교육 살펴보기
- 자격증 과정 살펴보기

가볍게 배워보기

"장비부터 사지 마세요."
무료 클래스,
원데이 클래스부터 시작하기

"나에게 맞는 사교육 여행을 찾았다면
그곳으로 자주, 꾸준히 여행하세요."

**사교육 여행
심화 과정**

- 정규 과정 등록하기
- 동호회 가입
- 취미를 테마로 해외여행 떠나기
- 발표회, 전시회 갖기

A SMALL TRIP GUIDE

COURSE
- 4 -

**더 깊은 작은 여행,
일상에 초대하기**

· · · · · · · · · · · · · · **BEGINNING STORY** · · · · · · · · · · · · · ·

나만의 작은 여행 떠나는 법을 알게 되면서
일상이 즐겁고 다채로워졌지만,
어느 순간 그 자극들에도 무뎌지기 시작했어요.
다시 세상이 무채색으로 보이기 시작했죠.

직장인으로만 살다가 프리랜서가 되어
불안도 후회도 큰 시기였기에,
저에겐 무엇보다 대화가 필요했습니다.
하지만 30대 중반에 들어선 친구들은 너무나 바빴고,
저마다 힘든 일 한두 개씩은 가슴에 품고 사는 걸 아니까
제 이야기만 할 수도 없었죠.

처음 에어비앤비 호스팅을 시작했던 때는
내 방을 찾는 외국인 여행자들과
늦은 시간까지 이야기를 나누곤 했지만
시간이 지나면서 집의 규모도 커지고
깊은 소통을 원하는 여행자보다는 관광객들이 많이 찾아오면서
처음처럼 한 사람 한 사람 소통하기가 어려웠어요.

게스트들과 이야기를 나누던 시간들이 사무치게 그리웠습니다.

이때, 유럽인 친구들에게 배웠던
'라이프 셰어 life share'가 떠올랐어요.
낯선 사람과 삶에 대해 깊게 대화하는 것을
라이프 셰어라고 부른다고 하더군요.
'나는 왜 이럴까' 인생에 대해 투덜거리기도 하고
요즘 고민하는 것들에 대해
외국인 게스트들과 이야기 나누는 그 시간들이
이상하게 제 마음을 편안하게 하곤 했습니다.

언제까지 대화가 그립다고만 하며 있을 수는 없었어요.
스스로 대화할 사람들을 찾기 시작했습니다.
당시, 글이 겨우 여섯 개밖에 없었던 저의 브런치에
솔직한 심정을 담아 이렇게 글을 올렸습니다.

···

〈라이프 셰어, 합정〉 함께할 사람 있을까요?

몇 년간 에어비앤비 호스팅을 하면서 외국인 게스트들과

낯선 사이이기에 할 수 있는 속 깊은 대화를 많이 나눴습니다.

처음 보는 사람과의 대화 속에서 뜻밖의 용기와 위안을 얻었어요.

이걸 '라이프 셰어'라고 해요.

그런데 그걸 할 수가 없는 상황이네요.

지금 저한테 그게 꼭 필요한데 말이죠.

그래서 너무 답답합니다.

나이를 먹고, 삶의 방식이 바뀌어도 고민은 계속 생기는 것 같아요.

저희 집에 모여서 1박 2일 동안

신나게 인생 토론 해보지 않으실래요?

제가 로컬들만 아는 맛집도 섭외하고,

동네도 소개해드릴게요.

특별한 기교도, 사진도 없이 담백하게 썼습니다.

사람들이 별 관심을 가지지 않을 거라고 생각하면서도

누가 보는 게 부끄러워 새벽 3시에 글을 올리고,

개인 페이스북에 링크를 공유했습니다.

그런데 8시간 뒤, 메일함을 열어보고 어안이 벙벙했습니다.
무려 100명이 넘는 사람들이 참여 신청을 주셨어요.
심지어 대부분이 저를 모르는 사람들이었습니다.
순수하게 모임의 취지에 공감한 분들이었던 거죠.

며칠 뒤 신청자들과 만나
라이프 셰어에 처음 빠졌던 그때처럼
인생 토론을 즐겼습니다.
외국인도 아닌 한국인,
그것도 수도권에 사는 사람들과 서울 한복판에 있었는데도
완전히 여행을 떠나온 것 같은 기분이었어요.
우리는 함께 대화했고, 제가 사는 동네를 여행했습니다.
모두 즐거워했지만 그중 가장 행복한 사람은
그들을 초대한 저였습니다.

성공적이었던 첫 번째 초대 이후
'라이프 셰어'는 정기 캠프 프로그램이 되었어요.
덕분에 예전처럼 다양한 사람과 고민을 나눌 수 있게 되었습니다.
참가자들도 참 행복해했어요.
'처음 보는 사람과 그렇게 깊은 대화를 나누게 될 줄은 몰랐어요.'
'오랜만에 정말 잘 쉰 것 같아요.'
'지난 주말의 여운 덕분에 일상을 살아갈 힘이 납니다.'
이런 메시지를 받을 때마다 제 인생이 아름답게 느껴지고,
누군가를 초대하길 잘했다는 생각이 들어요.

이제는 모르는 사람만이 아니라 잊고 있던 친구들,
한때 친했지만 소원해진 지인들에게도 툭툭 번개를 제안합니다.
'간만에 ○○네 집에서 모이는 거 어떨까?'
'이번에 내가 태국 음식을 좀 배웠는데, 같이 해 먹을까?'
다들 바쁘다고만 생각했는데,
한 달쯤 시간 여유를 두고 제안을 하니
의외로 반응이 좋았어요.

· ·

앞으로도 이런 초대의 날들을 계속 이어가려 합니다.
이것이야말로 여행을 가지 않고 하는 여행,
사람들을 나의 일상으로 초대해서 즐기는 여행,
그 어떤 여행 못지않게 두근거리는 저만의 작은 여행이니까요.

VIEW POINT

"사람들을 초대했습니다.
나에겐 익숙한 집, 동네, 취미 세계를
신기하게 바라보는 그들을 통해
나 또한 모든 것이 새롭게 느껴집니다."

관점을 바꾸자
여행이 시작되었습니다.

사람만큼 놀라운 여행지는 없다

이번 여행은 내가 어딘가로 가는 것이 아니라 타인을 나의 일상으로 초대하는 것입니다. '일상에 초대하기'는 가까운 지인들, 평소 얼굴만 알고 지내던 사람들, 예전에는 친했지만 뜸해진 지인들을 내가 지금 살고 있는 세계로 초대하는 여행법입니다. 타인을 내 삶에 초대하는 것이 여행과 무슨 상관이 있을까요? 그 답은 작은 여행의 의미를 되새겨보면 알 수 있습니다. 작은 여행이란 관점을 바꿔 일상을 간편하고도 부담 없는 여행으로 변화시키는 것이죠. 그런데 밖에서만 만나던 이들이 우리 집을 방문하거나, 내가 매일 지나다니는 길을 그들과 함께 걸으면 내게는 익숙한 세계를 타인의 관점으로 보는 경험을 하게 됩니다. 나의 세계를 낯설어 하는 사람들의 눈을 빌어 모르고 있던 내 주변의 아름다움을 발견할 수도 있죠. 그래서 타인을 내 일상에 초대하는 것은 훌륭한 여행이 될 수 있습니다.

초대하는 방법도 다양합니다. 집으로 초대할 수도 있고, 우리 동네로 초대할 수도 있습니다. '사교육 여행'을 통해 개발한 나의 취미 세계로 초대할 수도 있고요. 내게는 익숙한 일상이 누군가에게는 근사한 여행지가 될 것입니다. 그리고 그 여행지에서 가장 행복한 사람은 호스트인 바로 나 자신일 겁니다. 나의 일상이 축제의 현장으로 변하기 때문이죠. 허구한 날 초대를 한다면 또 하나의 일이 되어 힘들겠지만, 가끔씩 작은 축제를 연다면 분명 삶의 활력소가 될 거예요.

초대에 꼭 특별한 목적이 있어야 하는 것도 아닙니다. 나의 고민, 외로움, 취향, 궁금증, 건강 등 내 일상 속에서 작은 동기를 찾아보세요. 아주 사소한 것도 괜찮습니다. 진솔한 이야기는 상대방의 마음을 움직이고 교감을 불러일으킵니다. 저는 여행에서 사람들과 교감하는 것을 중요하게 생각하는데요. 다른 사람의 삶만큼 거대한 여행지는 없다고 생각하기 때문이에요. 한 사람은 한 권의 책과도 같아서 그 속에서 내가 보고 경험하지 못한 세상을 경험할 수 있습니다. 어쩌면 그 세상의 주인공은 나와 비슷한 것으로 고민하고, 좌절하고, 또 버텨내며 살고 있을지도 모릅니다. 최대한 마음을 열고 대화하고 토론해보세요.

내 안의 이야기를 꺼내보세요

먼저 할 일은 초대의 콘셉트를 정하는 것입니다. 거창하게 생각하지 말고 가만히 나의 욕구를 바라봅니다. 요즘 내게 필요한 것, 고민인 것들을 떠올려보세요. 그 이야기에 분명 다른 사람들도 공감할 겁니다. 사람 사는 것은 다 비슷하니까요. 나의 고민을 이야기하고 대화를 나눠보고 싶은가요? 무미건조한 일상을 벗어나 새로운 사람을 만나보고 싶나요? 외로움을 타서 따뜻한 시간을 보내고 싶나요? 내가 좋아하는 것들을 사람들과 함께 나누고 싶나요? 다음과 같은 예시를 참고해보세요.

> 한 직장에서 7년째 일하고 있습니다. 다른 곳으로 옮겨야겠다는 생각도 들지만, 안정되고 익숙한 지금에 감사해야 하나 싶은 마음도 들어 고민입니다. 다들 어떻게 일하며 살고 있는지 궁금하네요.

> 간편식만 먹다 보니 몸이 상하는 게 느껴져요. 그래서 음식을 만들어 먹기 시작했는데, 할 줄 아는 요리가 몇 가지 없네요. 혼자 사는 분들, 음식에 대해 함께 이야기해보는 건 어떨까요?

퇴사하고 홀로서기를 시작했어요. 설레지만 걱정도 많아요. 다른 분들은 어떤지 궁금해요. 어떤 미래를 꿈꾸고 계세요? 각자 그리고 있는 미래에 대해 이야기해보고 싶어요.

다음은 초대할 사람을 정할 차례입니다. 아예 낯선 사람이 좋을지, 관계가 있는 친구나 동료 혹은 동네 사람들과 함께하는 것이 좋을지 생각해봅니다. 초대의 난이도는 '지인<지인과 지인의 게스트<불특정 다수'의 순서로 높아집니다. 초대가 아직 어색하다면 지인부터 초대하는 것을 추천합니다. 우리에겐 생각보다 많은 인연이 있습니다. 삶의 무대가 바뀌고, 바쁜 일상을 살아내느라 잊고 지내는 것뿐이죠. 굳이 졸업 앨범을 뒤져보지 않아도 SNS에서, 또는 휴대폰 연락처에서 보고 싶은 사람을 충분히 발견할 수 있습니다. 요즘 종종 마주치는 사람도 좋습니다. 마주치면 인사를 나누는 집 앞 카페 사장님, 꽃집 사장님, 옆집 부부, 직장 동료, 학원 친구들 등 따로 약속을 잡은 적은 없어도 알고 보면 소중한 인연들입니다. 지인의 동행으로 온 새로운 사람을 흡수하는 것도 좋은 방법입니다. 이러한 초대의 과정 자체를 일상의 새로운 자극이라고 생각하며 천천히 즐겨보세요.

TOUR GUIDE

누군가를 초대해서 할 수 있는 일은 무궁무진하지만, 우리는 작은 여행 중이니 어려운 주제보다는 같이 하기 쉽고 가벼운 일들이 어울립니다. 내게 부담이 되지 않아야 초대하는 사람과 받는 사람이 모두 즐거울 테니까요. '일상에 초대하기'의 주제가 되기 좋은 것들을 몇 가지 소개합니다.

☞ 음식 즐기기
홈파티, 맛집 탐험, 포틀럭 파티, 특정 음식 또는 음료(커피나 와인, 위스키)를 주제로 하기, 함께 요리 만들어 먹기 등

장소 공유하기
동네 투어, 공원, 놀이공원, 카페, 바, 미술관, 집, 자연경관, 야경 등

엔터테인먼트 즐기기
선물 교환, 운동, 명상, 만들기, 게임, 드레스 코드 맞추기, 토론, 발표, 음악 감상, 그림 그리기, 사진 찍기, 피크닉 등

마음을 담은 초대장의 힘

초대를 결심했다면 이번에는 초대장을 만들어봅시다. '뭘 그런 것까지 만들어?' 하는 분도 있겠지만 초대장의 힘은 생각보다 대단합니다. 일단 초대받은 사람의 마음가짐이 달라집니다. 정식으로 초대받았다는 생각이 들기 때문입니다. 자주 만나던 친구에게 초대받았더라도 뭔가 새로운 경험을 할 것 같은 기대를 하게 됩니다. 여행의 설렘을 간접적으로 느끼게 되는 것이죠.

또한, 초대장을 쓰는 과정에서 초대하는 사람 스스로도 콘텐츠를 정리할 수 있습니다. 사람들에게 무엇을 보여줄지 생각하는 동안 자신의 일상을 새롭게 보는 경험을 하게 되는 거지요. 특별한 아이디어가 떠오르지 않는다면 바로 앞 페이지에 있는 'TOUR GUIDE'에서 제시한 주제 중 하나를 선택해보세요.

초대장에는 제목과 짧은 이야기가 있으면 좋습니다. 초대하는 이유를 솔직하게 쓰는 것만으로도 훌륭한 초대장이 됩니다. 다음의 예를 참고하여 나만의 초대장을 만들어보세요.

제목 : 야경과 함께 맥주 한잔 어때요?

바쁜 직장 생활 때문에 여행을 가고 싶어도 못 가고 있어요. 가끔은 귀갓길에 야경을 보며 여행을 상상하곤 해요. 우리 동네가 좀 평범해도 야경은 예쁘거든요. 야경과 함께 맥주 한잔하면서 여행 이야기를 해보는 건 어떨까요? 이 동네에 사는 로컬들만 아는 야경 포인트를 알려드릴게요.

제목 : 포틀럭 파티 초대장

친구들, 너무 오랫동안 못 본 것 같네. 최근 이사를 했는데 거실이 참 좋아. 다들 사는 게 바쁘지만 소식도 궁금하고 얼굴도 보고 싶어. 다음 다음 주에 우리 집에서 모이는 거 어때? 각자 조금씩 먹을 것을 가져와서 이야기 나누자. 난 샌드위치랑 스페인 음악을 준비할게.

제목 : 『미움받을 용기』와 함께하는 저녁

이 책을 정말 감명 깊게 읽었어요. 저처럼 이 책을 좋아하는 분이 계시면 제가 자주 가는 핸드드립 카페에서 커피 마시면서 책 이야기 나눠요. 혼자 고민하는 것보다 조금 더 용기가 생기지 않을까요?

최근에는 쉽고 간편하게 포스터를 만들 수 있는 무료 앱도 많습니다. PPT로도 간단하고 예쁘게 만들 수 있죠. 하지만 디자인이 예쁘지 않아도, 사진 한 장 없어도 괜찮습니다. 문자로 작성해서 보내도 되고, SNS나 블로그에 포스팅 해도 되고, 프립, 집밥, 밋업 등 온라인 소셜 플랫폼에 호스트로서 프로그램을 등록해도 좋습니다.

블로그 포스팅, 페이스북 이벤트 기능, 구글 폼 등을 사용하면 특별한 디자인 과정 없이도 그럴 듯한 초대장을 만들 수 있고 온라인이나 모바일로 공유하기 쉽다는 장점이 있습니다.

TOUR GUIDE

초대장은 호스트에게는 초대에 대해 정리해볼 수 있는 기회를, 게스트에게는 초대에 대한 기대감을 제공합니다. 다음의 순서로 나만의 초대장을 만들어보세요.

1. 맨 위에 제목을 씁니다.

2. 초대해서 무엇을 할 것인지 소개합니다. 그리고 이것을 왜 하는지, 누구를 초대하는 것인지도 밝힙니다. 불특정 다수를 초대하는 경우에는 반드시 참가 인원도 명시해주세요.

3. 가능하다면 분위기를 보여줄 수 있는 사진도 첨부합니다. 구글과 핀터레스트 등에서 '비상업적 용도로 재사용 가능한' 무료 이미지를 사용하면 좋습니다.

4. 일시와 장소를 명확하게 남깁니다.

5. 참가비, 준비물, 의상 등 참가자들이 준비할 것이 있다면 알려주세요.

장소를 넘어서는 소품의 마력

저는 종종 지인들을 집에서 가까운 공원으로 부릅니다. 공원에 캠핑 의자와 테이블을 펼치고 집에서 가져온 과자와 캔맥주를 꺼내 놓고요. 준비한 것은 이것뿐인데 사람들은 어디 멀리 여행이라도 온 것 같다며 좋아합니다. 두런두런 이야기를 나누는데 저도 너무나 즐겁습니다.

수없이 왔던 공원인데 왜 멀리 온 것처럼 느껴질까요? 아마도 상상력을 자극하는 소품들 때문일 겁니다. 캠핑에서 쓰는 의자, 테이블, 랜턴 같은 것들. 혹은 피크닉 갈 때 쓰는 돗자리, 좋아하는 영화가 담겨 있는 노트북, 이국적인 여행지 느낌이 나는 패브릭도 마찬가지입니다. 여행을 떠올리게 하는 소품들은 상상력을 자극하는 힘이 있어서 우리의 일상을 특별하게 만들어줍니다.

지인의 이야기를 하나 들려드릴게요. 그분은 야근이 너무 많아서 여행은 꿈도 못 꿨다고 해요. 그래서 궁여지책으로 회사 옥상에 텐트를 치고 캠핑 흉내를 냈는데, 생각보다 너무 즐거웠다는 거예요. 그 뒤로 종종 친한 직원들과 옥상에 모여 맥주도 마시며 도심 속

캠핑을 즐긴다고 해요. 전에는 미처 몰랐지만 회사에서 보는 야경도 꽤 좋았다고 덧붙이더군요. 상상력을 가진 도구의 힘을 잘 사용한 경우지요. 꼭 근사하게 꾸미거나 멋진 곳이어야 누군가를 초대할 수 있다고 생각하지 마세요. 작은 의자와 촛불 하나만으로도 일상은 로맨틱한 곳으로 바뀔 수 있으니까요.

우리 집으로 초대합니다

사람을 초대하는 일이 어렵게 느껴지는 분도 있을 테니, 비교적 편안한 마음으로 할 수 있는 몇 가지 방법을 구체적으로 소개해볼까 합니다. 제가 해본 작은 여행의 경험들을 '집으로 초대하기', '우리 동네로 초대하기', '취미 세계로 초대하기'로 나누어보았습니다.

먼저, 집으로 초대하기입니다. '시작은 늘 가볍게'라는 작은 여행의 모토는 잊지 않으셨겠지요? 부담 없이 가까운 지인들부터 우리 집으로 초대해봅니다. 그리고 점점 초대에 익숙해지면 지인의 친구, 불특정 다수를 초대하는 것에도 도전해보세요. 크고 화려한 집이 아니어도 괜찮아요. 거창하게 집을 장식하기 위해 부담을 가질 필요도 없고요. 작은 장식과 조명만 있어도 집은 근사한 여행지가 될 수 있습니다. 초대장이나 포스터를 문 앞에 붙이거나, 귀여운 가렌드를 벽에 걸거나, 식탁 위에 예쁜 캔들을 올려두는 것만으로도 꽤 분위기가 날 겁니다.

이야기를 나누면서 함께 먹을 음식도 마련해보세요. 직접 음식을 하는 것도 좋고, 배달 음식을 시켜도 좋습니다. 직접 만든다면 내가 가장 잘하거나 좋아하는 음식으로 준비하고, 배달 음식도 이왕이면 동네에서 가장 유명한 것으로 시키세요. 먹으면서 음식에 대해 소개한다면 대화가 훨씬 풍성해질 것입니다. 음식 없이 간단한 마실 거리만 준비하거나, 각자 조금씩 음식을 들고 오라고 해서 준비하는 부담을 줄이는 것도 좋습니다.

사람들이 모이면 내가 어떤 동네에 살고 있는지부터 소개해보세요. 그리고 어떻게 이곳으로 이사를 하게 되었는지, 어떤 사연으로 이 집을 선택하게 되었는지, 지금은 어떻게 살고 있는지 등 호스트로서 집에 대해서도 이야기해주세요. 짧은 소개지만 게스트는 제대로 대접받고 있다고 느낄 거예요. 처음 만나는 사람이 있다면 간단한 자기소개도 합니다. 직업과 나이는 중요하지 않겠죠. 어떤 이유로 여기에 오게 되었는지, 요즘 무엇에 대해 많이 생각하는지, 어떤 것들을 좋아하는 사람인지 말해보세요. 지인들이라면 자기소개 대신 근황과 안부를 나누면 되겠죠. 그리고 준비한 음식을 나누며 자연스럽게 서로 이야기를 나눕니다. 여기까지만 해도 충분히 좋은 시간이 될 거예요.

수다가 깊어질 무렵 간단한 엔터테인먼트를 곁들이면 더욱 좋습니다. 소소한 게임, 영화 감상, 선물 교환 같은 이벤트를 즐겨보세요. 각자 초대장에 공지했던 활동들도 하고요. 필수적인 것은 아니지만 분위기를 훨씬 깊고 부드럽게 만들어줄 거예요.

끝날 즈음엔 게스트들에게 작은 선물을 건네어보세요. 조그만 쿠키, 엽서 등 와줘서 고맙다는 마음만 담겨 있다면 아주 작은 것도 괜찮습니다. 그 선물로 게스트들은 나의 초대를 더 오래 기억해줄 것입니다. 아마도 집으로 돌아가면서 '정말 좋은 시간이었어', '이 동네에 친구가 생겼네' 같은 생각을 하지 않을까요?

게스트들이 돌아간 뒤에 남은 자리를 정리하는 것도 호스트의 역할입니다. 집을 치우며 오늘 정말 좋은 여행을 했다고 되뇌어보세요. 사람들과 함께 찍은 사진도 다시 한번 살펴봅니다. 내가 이런 일을 벌일 수 있다는 사실에 놀랍고 행복한 기분이 들 거예요. 평범했을 나의 저녁 시간, 나의 주말이 인생 앨범에 기록할 만한 멋진 여행이 되었네요.

우리 동네를 소개합니다

우리 동네로 사람들을 초대할 수도 있습니다. 우리 동네가 무슨 얘깃거리가 되겠냐고 걱정하지 마세요. 별것 아닌 것처럼 느껴져도 그곳에 사는 로컬의 시선과 이야기가 더해지면 어느 동네든 근사한 여행 콘텐츠가 됩니다. 로컬은 그 동네에 사는 사람을 말하는데요. 살지 않더라도 직장이 있는 동네, 관광객들은 잘 모르는 구석구석까지 잘 알고 있는 동네라면 그곳에선 로컬이라고 할 수 있습니다. 퇴근 후 여행을 통해 내가 좋아하는 곳들을 많이 찾아두었다면 소개할 거리도 더욱 풍성해지겠죠.

나의 초대에 응한 사람들이 모이면, 먼저 따뜻하게 환영해주세요. 그들은 '옆 동네 여행'을 온 멋진 도시여행자들이기도 합니다. 내가 평소에 좋아하는 곳들을 함께 산책하는 것만으로도 충분히 좋은 시간을 보낼 수 있을 거예요. 이 동네에서 즐겨 걷는 길은 어디인지, 왜 그런지 친절히 설명해주세요. 횡단보도 옆 벤치, 자주 걷는 가로수길 등 내가 좋아했던 일상의 풍경들을 소개하는 거예요. 너무 이리저리 다니면 힘들어 할 수도 있으니, 많은 곳을 돌아다니기보다 한 곳에서라도 그 동네를 잘 느낄 수 있게 해주세요. 게스트들은 나를 통해 관광객이라면 발견하지 못했을 동네의 매력을 느끼고, 나는 게스트들의 낯선 눈을 통해 익숙한 동네를 새롭게 보게 될 것입니다. 장소가 아니라 아침 풍경, 노을, 야경, 가을 하늘, 겨울 풍경 등과 같이 시간과 계절을 주제로 초대하는 것도 좋아요. 내가 좋아하는 시간의 풍경을 함께 바라보는 것만으로도 작은 여행이 될 수 있으니까요.

나만 알고 있는 맛집에도 데려가보세요. 오랜 단골이거나 사장님과 친분이 있는 곳이라면 더욱 좋겠죠. 함께 음식을 나누며 내가 어떤 때 오는 곳인지, 음식에 어떤 특징이 있는지 소개해준다면 단순히 차를 마시거나 저녁을 먹는 시간보다 특별하게 느껴질 거예요.

다른 사람에게 동네를 소개할 때 저는 '작은 여행 지도'를 활용하는데요. 우리 동네에서 나만 아는 장소들을 엮어 하나의 여행 코스로 만들어두는 것입니다. 자세한 방법은 161쪽에서 소개할게요.

TOUR GUIDE

초대 이벤트를 하면서 다음과 같은 포인트를 꼼꼼하게 챙긴다면 더욱 참가자를 배려하는 호스트가 될 수 있습니다.

☞ 참가자가 정해지면 이벤트 며칠 전에 한 번 더 연락해서 세부적인 사항들을 안내해주세요.

☞ 이벤트 1시간 전에는 장소에 먼저 도착하세요.

☞ 혹시 늦게 도착하는 참가자들이 있다면 파악해서 행사 시작 시간을 조절해보세요.

☞ 친한 사람들과 대화하느라 혹시 소외되는 사람은 없는지 살펴보세요.

☞ 이벤트가 끝나고 참석해줘서 고맙다는 연락을 다시 한번 해주세요.

나만의 취미 세계로 초대합니다

사교육 여행으로 얻게 된 취미가 있다면 그것을 적극 활용할 수도 있습니다. 댄스, 요리, 언어, 명상, 운동의 세계로 친구들을 초대해 보세요. 내게는 이제 익숙한 놀이터이지만 다른 사람에게는 평생 가본 적이 없는 세계일 수 있습니다. 작은 테이블 하나를 놓고 원데이 클래스를 열어보세요. 배우고 있는 것을 지인들에게 알려주는 거예요. 내가 처음 무언가 배웠을 때 그랬던 것처럼 게스트들도 설레는 마음으로 참여할 거예요.

작은 발표회도 가져보세요. 무대에 서고, 관객들에게 박수를 받는 건 멋진 일입니다. 삶의 무게는 잠시 내려놓고 스스로를 예술가라고 생각해보는 거예요. 집으로 초대하기 어렵다면 요즘은 시간 단위로 빌릴 수 있는 공간들도 많습니다. 초대장을 만들고, 작은 무대를 꾸미고, 데뷔 이벤트도 해보고요. 절대 주눅 들지 마세요. 나이나 신분에 얽매인다면 어떤 여행도 할 수가 없어요. 여기까지 온 당신은 이미 충분히 매력적입니다.

혼자가 어렵다면 동호회, 아카데미에서 진행하는 게스트 데이에 지인들을 초대해보세요. 내가 뭘 하고 다니는지 궁금해하던 지인들에게 색다른 매력을 뽐낼 시간입니다. 직장에서는 평범한 동료, 가정에서는 가족이었다면 오늘의 나는 멋진 여행자입니다.

우리는 작은 행복의 순간들을 스스로 만들어야 합니다. 뮤지션이나 연예인만이 축제의 주인공은 아닙니다. 누구나 인생에서 박수받고, 빛날 순간들이 필요합니다. 반짝반짝 빛나는 나의 순간들을 능동적으로 만들고 기록해두세요. 취미 세계는 내가 직업을 떠나 멋지게 만들어가고 있는 또 하나의 세상입니다. 프로가 아니고 숙련자가 아니더라도, 새로운 세계를 여행하고 있는 것만으로 충분히 멋지고 의미 있다는 걸 잊지 마세요. 친구와 가족들을 초대해서 새로운 내 모습을 보여주고 기념하는 것입니다. 인생이 여행이라면 그보다 행복한 여행지는 없을 겁니다.

서는 분기에 한 번 '한강 여행'이란 주제로 제가 훈련 중인 요트에 지인들을 초대하곤 합니다. 요트라고 하면 대단해 보일 수도 있지만 사실은 럭셔리 보트가 아니라 낡은 훈련용 요트입니다. 얼마 전 자격증을 딴 곳에서 대여하기 때문에 가격도 저렴합니다. 하지만 작은 요트라도 그 위에 올라 한강을 바라보면 서울이 무척이나 달라 보입니다. 세계 어디에 내어놓아도 빠지지 않는 절경입니다. 특히나 가을, 겨울의 낙조라든지, 해질 무렵 반짝이는 자동차 행렬은 눈물을 자아낼 만큼 아름답지요. 지인들 역시 익숙함 속에서 낯섦의 아름다움을 발견하고는 두 눈을 반짝입니다. 요트가 바람을 타고 조용히 강물을 가를 때면 모두가 그 순간에 빠져 작은 탄성을 지르곤 합니다. 평범하게 보이던 나의 세계에 새삼 감사함을 느끼게 되는 순간입니다.

처음으로 지인들을 초대했던 날이 기억에 많이 남습니다. 모두가 새로운 경험 앞에서 아이처럼 즐거워했고, 저에게 큰 목소리로 이런 경험을 하게 해주어 고맙다는 감사의 말을 전했거든요. 우리는 사진을 찍고, 평소 하지 못했던 많은 이야기들을 나누었습니다. 멋진 추억이었어요. 크고 작은 실수도 있었지만 모두 기쁜 마음으로 눈감아주었습니다. 초대하는 제 마음을 알기 때문이죠. 이후로는 정기적으로 지인들과 요트를 타고, 한강에서 피크닉을 즐겨요. 회비를 모으기 때문에 돈에 대한 부담도 없습니다. 그리고 지인들의 소개를 통해 좋은 사람들도 만나게 되었습니다.

TOUR GUIDE

사람들과 좋은 시간을 보낸 초대 이벤트가 끝난 뒤 어쩐지 마음이 허전할 수도 있습니다. 다행히 그럴 때 추천할 수 있는 방법이 있습니다. '퇴근 후 여행'으로 돌아가서 나를 채우는 시간을 가져보는 거지요.

그리고 초대 이벤트 때 찍은 사진, 참가자들에게 받은 후기 문자들을 잘 저장해두세요. 인생이 다시 건조해질 때마다 꺼내 본다면, 언제든 일상 가까운 곳에서 축제를 열 수 있다는 사실을 떠올리게 될 거예요.

TOUR MAP

한눈에 보는
일상에 초대하기

☞ 총 소요시간 : 2~3시간
☞ 준비물 : 초대장, 간단한 음식,
　　　　　초대 콘셉트에 맞는 준비물

초대해서 무엇을 할까?

"나의 일상을 채우고 있는 사소한 것들 나누기"

- 우리 집, 우리 동네로 초대하기
- 내가 좋아하는 음식 나누기
- 공원, 미술관 등 특정 장소를 함께 걷기
- 그림, 사진 등 취미 공유하기
- 취미 발표회, 전시회 열기
- 요즘 고민하는 것들에 대해 나누기

누구를 초대할까?

"가까운 사람부터 새로운 인연까지"

- 지인
- 지인과 지인의 친구
- 불특정 다수의 모르는 사람들

| 초대장 만들기 | • 초대 목적, 장소, 일시 소개
**"종이, 메신저, SNS 등
다양한 형태가 될 수 있어요."** |

| 본격 초대의 시간 | • 자기소개, 우리 집과 동네 소개
• 음식과 함께 대화 나누기
• 게임, 선물 교환, 영화 감상 등
  간단한 엔터테인먼트
• 작은 감사의 선물 전하기 |

| 모두가
돌아간 후에 | • 좋은 시간 되새기며 뒷정리
• 게스트들에게 감사 연락하기 |

A SMALL TRIP GUIDE

COURSE

- 5 -

**더 넓은 작은 여행,
에어비앤비 호스트 되기**

BEGINNING STORY

영화에서는 꿈에 도전하는 사람들이 다 잘되잖아요.
저 역시 그럴 줄 알았고, 꿈을 위해 과감히 사표를 내고
음반 기획이라는 분야에 입문했습니다.
하지만 녹녹치 않았어요. 새로운 일에 적응하기 어려웠고,
전보다 월급이 줄면서 모아둔 돈까지 다 써버렸습니다.

그때 우연히 여행자에게 내 집을 빌려주는
에어비앤비를 알게 되었어요.
적은 돈이라도 필요했던 저는 당시 자취하고 있던 집의
창고 방을 치워서 룸 셰어를 시작해보기로 했습니다.
사실 이 작고 낡은 집에 누가 올까 싶었어요.
사이트에 올라와 있는 다른 집들은 너무나 멋져 보였거든요.
반면 저희 집은 장판도 군데군데 벗겨졌고,
다가구주택 틈에 있어서 햇빛도 잘 들지 않는 곳이었습니다.

그런데 사이트에 집 소개를 올린 지 사흘 만에
크로아티아의 발렌티노라는 청년이
그 방에 머물고 싶다고 메시지를 보내왔습니다.

너무나 놀랍고 기뻤어요. 하지만 서울에 도착한 발렌티노를 만나
집으로 안내하려니 참 불안했습니다.
그 친구는 190센티가 넘는 거구였고,
그에 비해 방과 침대는 너무 작아 보였거든요.
그 마음을 아는지 모르는지 발렌티노는 기대에 차서 싱글벙글.
드디어 제 작은 방 앞에 함께 당도했고,
차마 그 광경을 볼 수 없었던 저는 고개를 돌리고 있었어요. 그런데…
"It's so beautiful!"
고맙게도 그는 진심으로 제 방이 아름답다고 말해주었습니다.

밤늦게까지 일하느라 그와 많은 대화를 하진 못했지만
딱 하루, 잠들기 전 1시간 정도 이야기를 나눌 기회가 있었습니다.
그의 직업은 경주용 자동차 F1의 엔진을 디자인하는 엔지니어.
1년 중 3개월은 유럽에서 일하고
9개월은 전 세계를 여행한다고 했습니다.
그런 사람들이 있다는 얘기는 들었지만
직접 만난 건 처음이었습니다.

일 이야기, 세계여행 이야기에 시간 가는 줄 몰랐어요.
평생 만날 일 없던 지구 반대편 사람의 이야기를 듣다 보니
저도 간접적으로 여행을 하는 것 같았어요. 정말 신났습니다.

그때부터 저는 집에 오는 여행자들과 열심히 대화를 나누었고,
이야기를 통해 그들의 세계로 떠났습니다.
어느 날은 유고슬라비아로, 어느 날은 미국으로….
짧은 시간이지만 서로의 인생에 대해
깊은 이야기를 나누며 교감했어요.
그들과 함께 우리 동네를 걸으면 신기하게도
유럽의 어느 거리를 걷고 있는 듯한 착각이 들었습니다.
긴 여행은 꿈도 꿀 수 없는 직장인에게는 최고의 여행이었지요.
잠시나마 인생을 나눈 친구가
전 세계에 생기는 행운도 누리게 되었고요.

멀리 떠나고 싶은데 당장 그럴 수 없어 답답하다면,
남는 방 하나를 치우고 눈이 반짝반짝 빛나는 배낭여행객을
손님으로 받아보는 건 어떨까요?
비행기를 타지 않으면 절대로 만날 수 없는 세상이
내 집으로 걸어 들어올 거예요.

with J.

THANK YOU!

from. MIN

Congratulations!

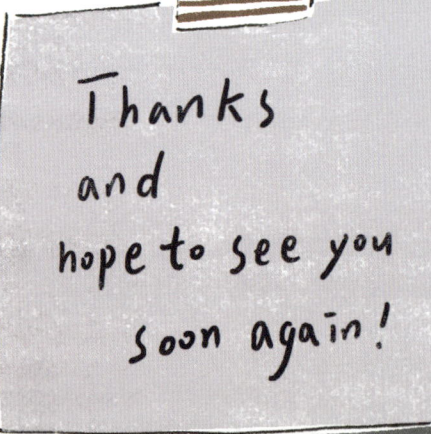
Thanks and hope to see you soon again!

VIEW POINT

"내가 가지 못하는 세계가
내 방으로 걸어 들어옵니다.
세계 곳곳에서 온 외국인 친구들을 통해
세계여행을 떠날 수 있게 되었습니다."

**관점을 바꾸자
여행이 시작되었습니다.**

집 안에서 하는 멋진 세계여행

여행에 있어서 장소만큼 중요한 것이 '만남'입니다. 우리는 피부색과 언어, 자라온 문화가 전혀 다른 현지인들 틈에 있을 때 '내가 여행을 왔구나'라고 느끼곤 합니다. 한 단계 나아가 현지인과 소통하고 친구가 된다면 더 강렬한 추억이 되겠지요. 여행을 마치고 돌아와 다시 까마득한 사이가 된다 할지라도, 외국인 친구와 함께 찍은 사진을 보면 기분이 좋아집니다. 그런데 당장 여행을 떠나지 않아도 그런 만남을 언제든 나눌 수 있는 방법이 있습니다. 바로 에어비앤비의 호스트가 되는 것입니다. 지금까지의 작은 여행 과정보다는 적극성이 필요하지만, 적은 노력으로 세계여행의 묘미를 누릴 수 있고, 약간의 돈도 벌 수 있습니다.

에어비앤비Airbnb는 '에어베드와 아침 식사Air-bed and Breakfast'의 줄임말로, 온라인과 모바일에서 숙소를 등록하고 예약할 수 있는 서비스입니다. 에어비앤비의 공동창립자인 조 게비아Joe Gebbia, 브라이언 체스키Brian Chesky, 네이선 블레차르지크Nathan Blecharczyk는 새 사업을 시작하기 위해 다니던 직장에서 나왔지만, 정작 사업 자금이 없었죠. 그러다 시내에서 대규모 디자인 컨퍼런스가 열려서 주변 모든 호텔의 예약이 마감되었다는 소식을 듣고, 용돈벌이 아이디어를 생각해냅니다. 컨퍼런스에 참석하는 디자이너들에게 돈을 받고 숙박, 와이파이, 책상, 아침을 제공하는 것이지요. 그들은 그들의 집에 온 3명의 게스트와 친구가 되었고, 숙박 공유를 통해 친구도 사귈 수 있다는 사실을 터득했다고 합니다. 세계 최대의 숙박 공유 서비스는 그렇게 시작되었습니다.

에어비앤비의 호스트가 된다는 것은 작은 호텔의 주인이자, 로컬 가이드가 된다는 의미입니다. 게스트들은 호텔보다 저렴한 가격에 로컬들의 일상을 경험할 수 있다는 장점 때문에 에어비앤비 숙소를 구합니다. 그래서 그들은 일반 호텔 투숙객과는 다르게 현지인을 만나보고 싶어 하고, 가이드북에 나오지 않는 현지인들의 아지트를 탐험해보고자 하는 욕구가 많습니다. 호스트는 게스트와 인생 이야기를 나누고, 우리 동네를 안내하면서 여행의 즐거움을 간접 체험할 수 있습니다. 평생 한 번 가기도 어려운 지구 반대편 동네의 이야기를, 심지어 그곳에 사는 사람을 통해서 생생하게 들을 수 있는 것이지요. 용기를 내어 에어비앤비 호스트가 되어보세요. 방법을 지금부터 소개해드릴게요.

첫 번째 준비, 남는 방 정돈하기

에어비앤비 호스트가 되기 위해 가장 먼저 해야 할 일은 남는 방을 조금 치우고 깨끗한 이불을 까는 것입니다. 그리고 구청 관광과에 문의하여 도시민박업 등록을 하면 됩니다. 요즘은 절차가 많이 간소해져서 2주일이면 허가를 받을 수 있고, 읍·면·리에 속하는 농어촌 지역은 절차가 더욱 간단합니다. 손님을 초대하는 마음으로 집을 조금 꾸미고 집 사진을 찍습니다. 사진에도 조금 정성을 들이면 좋겠죠. 그 사진들을 에어비앤비 사이트에 등록하면 게스트와 연결될 준비가 된 것입니다. 에어비앤비에 가입할 때는 신분 확인을 위해 SNS, 신용카드, 여권 등의 인증이 필요하고, 우리 집에 대한 설명을 적어야 하는데요. 외국인을 위해 영어로도 소개글을 적어야 합니다. 중국어 등 다른 언어로도 적어주면 좋겠죠.

혹시나 영리를 목적으로 하는 에어비앤비가 성향에 맞지 않는 분에게는 '카우치 서핑 couch surfing'을 추천합니다. 카우치 서핑은 잠잘 수 있는 소파 couch를 찾아다니는 것을 뜻하는 말로, 여행자에게 내 공간을 무료로 제공해주는 커뮤니티인데요. 미국 보스턴의 한 대학생이 여행을 가기 전 숙박비를 아끼기 위해 그 지역의 대학생

1500여 명에게 숙박을 요청하는 메일을 보냈다가 50여 개의 답장을 받으면서 시작되었다고 합니다. 현재는 10만 개의 도시에서 600만 명 정도의 회원이 활동하고 있습니다.

카우치 서핑은 숙박료가 없기 때문에 게스트가 호스트의 집을 방문할 때 작은 선물을 들고 가는 것이 일반적입니다. 본인 나라의 전통 음식을 만들어주거나 재능을 제공하기도 합니다. 자신의 집이 돈을 받고 빌려주기에는 조금 부족하다고 생각하는 분이나 돈에 관계없이 외국인들과 교류하고 싶은 분들이 입문 삼아 시작해 보기에 적합합니다. 숙박을 하지 않고 이벤트처럼 잠깐 게스트를 초대할 수도 있으니 참고하세요. 에어비앤비와 카우치 서핑 모두 안전성을 높이기 위해 여러 필터링 장치가 있는데요. 특정 성별의 게스트만, 후기가 좋은 게스트만, 여권이나 신용카드 인증을 받은 게스트만 받을 수 있도록 옵션을 설정할 수 있습니다.

전 세계 친구들에게 나를 소개하세요

좋은 위치, 넓은 공간, 멋진 인테리어를 갖춘 숙소를 마다할 사람은 없겠지요. 하지만 작은 여행을 하기 위해 에어비앤비를 운영하는 것이라면 굳이 그런 조건에 많은 돈을 투자할 이유가 없습니다. 있는 방, 남는 침구류, 약간의 돈으로 구입할 수 있는 소품으로 시작해보세요. 돈을 들이지 않아도 '정성'만 있다면 다른 집과 충분히 차별화할 수 있습니다. 특히 에어비앤비 사이트에 올리는 자기소개에 공을 들여보세요. 구체적이고 진정성 있는 자기소개에 매력을 느껴 찾아오는 게스트들도 많으니까요. 예를 들면 이런 것들입니다.

> 나는 홍대에서 음악 일을 하는 30대야. 네가 음악을 좋아한다면 우린 멋진 대화를 나누게 될 거야. 그리고 어디로 가야 제대로 된 로컬 음악을 즐길 수 있는지 알려줄 수 있어. 내 친구들과 함께 즐길 수도 있고.

> 난 IT가 발달한 한국에서 10년간 일한 개발자야. 급변하는 환경에서 계속 살아남기 위해 늘 공부할 것이 많아. 그래도 이런 다이내믹한 나라에서 테크니션으로 살고 있다는 게 행운처럼 느껴질 때도 있어. 가

끔은 다른 나라는 어떨까 싶어. 만약 네가 IT 분야에서 일한다면 아시아의 트렌드와 함께 재미난 이야기를 나눠보고 싶어.

'리그 오브 레전드'라고 아니? 난 사실 그 게임의 마니아야. 지금까지 온라인 배틀에서 500승 이상을 기록하고 있지. 게임을 좋아하는 나와 형 덕분에 우리 집에는 항상 최고 사양의 PC가 2대씩 있어. 네가 게임을 좋아한다면 언제든 집에서 상대해줄 수 있어. 요즘에는 괜찮은 상대가 없어서 좀 심심하던 참이었거든.

이런 자기소개를 보고 온 게스트라면 첫 만남부터 교감이 잘될 수밖에 없겠죠. 말이 통하는 친구를 만난 것처럼 대화도 즐거울 것이고, 호스팅의 스트레스도 적을 것이고, 게스트의 후기 또한 좋을 겁니다. 공들인 자기소개는 그것을 위한 첫걸음이라고 할 수 있어요.

사이트에 집을 소개해두면 예약 문의가 올 거예요. 당황하지 말고 대화를 나눠보세요. 요즘은 구글 번역, 네이버 파파고 같은 스마트폰 번역 앱도 훌륭하니 외국어를 못한다고 걱정할 필요는 없습니다. 더구나 나는 한국인 호스트이고 상대방은 방문객이기에 외국어를 못하는 건 결코 부끄러운 일이 아닙니다. 예약이 확정되면 게스트를 친구라고 생각하고 기계적인 문구가 아니라 친근한 메시지를 보내보세요. 보통은 집에 찾아오는 법, 집 사용법과 규칙 등 반복되는 문구를 저장해놓고 복사해서 붙여 쓰는 경우가 많은데요.

그런 메시지는 숙박업자처럼 느껴져서 처음부터 게스트의 마음을 닫게 합니다. 실제로 예약 확정까지 가는 확률도 낮지요. 우리가 해외의 숙소를 구할 때 애를 먹듯이 게스트도 똑같이 불안한 마음이 있을 것입니다. 처음부터 상대의 이름을 불러주거나, 소박한 환영의 말을 전해보세요.

안녕 사만다. 난 초롱이라고 해. 네가 우리 집에 온다고 하니 기분이 좋다. 나도 싱가폴 여행을 해보고 싶어서 너에게 물어보고 싶은 것도 많아. 만약에 너도 우리 집이나 우리 동네에 대해 궁금한 게 있다면 언제든 물어봐. 이 동네에 꽤 오래 살아서 웬만한 건 다 알거든. 그럼 곧 보자.

사람을 여행하는 법

게스트가 도착하는 날에는 연락에 더 신경을 써주세요. 대부분은 한국에 처음 온 사람들이고, 아는 사람이라고는 호스트 한 명뿐일 테니까요. 집까지 오는 길을 자세히 설명해주고, 시간이 된다면 집 안에서 맞아주세요.

게스트에게 호스트는 검색을 하거나 구글 지도를 켜지 않아도 이 동네를 잘 알고 있는, 전지전능한 '현지인'입니다. 별것 아닌 주변 소개도 그들에게는 생존을 위한 정보가 될 수 있죠. 그 상황을 그들과 소통하는 수단으로 삼아보세요. 그리고 다른 나라에서 왔다는 편견을 잠시 내려놓고, 친구에게 묻듯 질문들을 던져보세요. 한국은 어떻게 오게 됐어? 직업은 뭐야? 제일 좋아하는 게 뭐야? 꿈은 뭐야? 그리고 내 이야기도 들려주세요.

문화권이 전혀 다른 외국인과 대화할 때는 교집합이 없기 때문에 주로 현재나 꿈꾸는 미래에 관한 것들이 소재가 되곤 합니다. 회사 사람을 욕하거나 푸념을 늘어놓는 대신에 현재 나의 모습, 가치관, 미래에 꿈꾸는 것들에 대해 이야기를 나눌 가능성이 크죠. 이런 대화는 내 삶에 긍정적인 영향을 끼칩니다. 전혀 모르는 사람에게 나에 대해 말하면서 객관적으로 나를 볼 수 있고, 평소에 몰랐던 내 모습을 발견할 수도 있습니다. 상대방의 세계에서 새로운 것들을 알게 될 수도 있고요.

내가 힘들 때에는 가끔 그들에게 기대어보세요. 하소연도 해보는 거예요. 남이기에 더 편하게 할 수 있는 말도 있는 법이거든요. 그러다 보면 멀리 있는 친구보다 지금 가까이 있는 외국인 친구가 더 가깝게 느껴지는 순간도 생길 겁니다. 유럽, 아프리카, 남미 어디든 사람 사는 것은 똑같습니다. 일, 사랑, 관계, 가족 때문에 힘든 것은 세상 누구나 공감할 수 있죠. 오히려 너무나 비슷해서 놀라울 정도입니다. 저도 외국인 친구들과의 교감을 통해 상처들을 많이 치유했습니다.

집에서 간단히 저녁을 해먹을 때, 카페에서 차 한잔하며 쉬고 싶을 때, 공원에서 산책하고 싶을 때 게스트에게 함께 하겠냐고 손을 내밀어보세요. 대부분이 아주 좋아할 것입니다. 우리가 매일 장을 보는 시장, 가끔 맥주를 마시는 노가리집이 그들에게는 누군가의 소개 없이 절대로 가볼 수 없는, 진귀한 로컬 여행지입니다. 지인의 결혼식, 친구 모임, 스포츠 이벤트에 함께 가보는 것도 좋습니다. 게스트를 위해 일부러 시간을 낼 필요가 없으니 부담이 적고, 게스트에게는 환상적인 문화 체험의 기회가 될 것입니다.

찾아오는 게스트는 점점 호스트를 닮아갑니다. 집의 분위기나 자기소개에서 호스트의 성향이 묻어나기 때문에 자연스럽게 색깔이 비슷한 게스트들이 찾아오게 되는 거죠. 하지만 그렇지 않은 경우도 있기 때문에 서로가 어떤 성향을 가졌는지 먼저 파악하고, 어디까지 시간을 공유할 것인지 결정하는 것이 좋습니다.

호스팅을 몇 번 하다 보면 체크인을 할 때 게스트의 성향을 어느 정도 짐작할 수 있게 되는데요. 체크인 후 조용히 방으로 들어가서 혼자만의 시간을 보내는 편이라면 적극적인 소통은 원하지 않는 게스트일 것입니다. 반면 들어오자마자 집 안을 활보하고, 눈이 마주칠 때마다 환한 표정으로 인사를 하거나 말을 건넨다면 적극적으로 소통하기를 원하는 게스트일 가능성이 높습니다. 그런 친구들이라면 함께 식사를 하고 동네 여행을 하거나 취미를 공유하는 것을 기쁘게 받아들일 가능성도 크겠죠.

TOUR GUIDE

여행지에서 항상 좋은 사람을 만나고, 기쁜 일만 있는 것은 아닙니다. 우리가 외국으로 여행 갔을 때를 생각해보세요. 불쾌한 경험도 있고, 곤란한 일을 당하기도 하죠. 마찬가지로 게스트들도 때때로 한국에서의 경험 때문에 우울해 하거나 서운함을 느끼는 경우도 많습니다. 일정이 끝날 즈음에 게스트와 차 한잔, 맥주 한잔 나누면서 여행이 어땠는지 물어보세요. 우울한 일이 있었다면 위로해주세요. 그런 따뜻한 호스팅을 받은 게스트는 절대 그 기억을 잊지 않습니다. 어쩌면 나중에 내가 세계여행을 할 때 든든한 지원군이 되어줄지도 모르지요.

나만의 작은 여행 지도 만들기

낯선 곳에서 온 외국인 친구에게 우리 동네를 소개할 때 유용한 방법을 하나 소개하겠습니다. 바로 나만의 '작은 여행 지도'를 만들어보는 것인데요. 동네에서 내가 자주 가는 곳, 내가 좋아하는 곳, 외국인 친구에게 소개해주고 싶은 곳들을 지도에 표시해놓는 것입니다. 걸어서 20분 내외의 거리가 좋고, 나만 알고 있는 매력적인 장소, 추억과 스토리가 많은 곳일수록 좋습니다.

작은 여행 지도 만들기 워크숍을 진행했던 적도 있는데요. 그때 발표된 것 중 인상 깊었던 몇 가지를 예로 들어보겠습니다.

> 저희 집은 춘천의 군부대 근처인데요. 저는 정확히 몇 시에 가면 군인들이 상의 탈의 구보를 하는지 알고 있어요. 요즘은 드라마 덕분인지 외국인들이 한국 군인에 대한 환상이 크더라고요. 그 모습을 함께 보면서 국방과 관련된 한국만의 역사와 문화를 소개해보고 싶어요. 그 다음에는 관광객들은 모르지만 춘천 사람들은 자주 가는 숯불 닭갈비 집에도 데려가고 싶어요. - 20대 여대생 A

저는 신림동에서 고시 공부를 3년간 했어요. 칙칙하고 답답한 곳이라는 이미지가 강하지만 그 안에도 문화는 있어요. 고시생들을 위한 작은 영화제, 연극제 등도 신림동 구석구석에서 열리고요. 우리만 아는 저렴하고 맛있는 식당들도 많아요. 그래서 공부를 그만둔 지금도 그 매력을 못 잊고 계속 신림동에 남아 있어요. 저는 고시촌 문화 투어를 해볼 수 있을 것 같아요. - 30대 학원강사 L

저는 상암동에 살고 있어요. 이곳에는 한국영상자료원이라는 곳이 있는데, 엄청나게 많은 책과 영화를 무료로 즐길 수 있어요. 이곳에서 외국인 친구들과 공짜로 영화도 보고, 책도 구경하고 싶어요. 근처 한국의 방송국들도 소개해주고요. 그리고 북적이는 먹자골목의 식당에 가서 한국의 회식 문화도 알려주고 싶어요. 제가 알고 있는 그 식당에서는 정말 신기할 정도로 매일 단체 회식이 있거든요. - 30대 방송인 C

오늘 저녁 갑자기 낯선 외국인이 우리 집에 온다면, 여러분은 우리 동네의 어떤 모습을 소개해주고 싶나요? 익숙하기 때문에 지나쳤던 내 일상이 누군가에게는 훌륭한 여행이라는 사실을 잊지 마세요.

TOUR GUIDE

저희 집에 외국인 게스트가 왔을 때, 함께하면서 좋았다고 느꼈던 활동 몇 가지를 소개합니다. 외국인 친구를 사귀게 되었을 때 활용해보세요.

☞ 사장님이나 아르바이트생과 친한 나만의 술집, 카페, 맛집 가기

☞ 음악, 영화, 책 등 좋아하는 취향에 대해 이야기 나누기

☞ 조금 더 깊게 인생에 대한 질문과 대화 주고받기

☞ 느긋한 주말 아침이나 늦은 저녁에 동네 산책하기

☞ 친구, 회사 동료, 동호회 사람들과 함께 만나거나 모임에 초대하기

TOUR MAP

한눈에 보는
에어비앤비 호스트 되기

☞ 총 소요시간 : 게스트가 우리 집에 머무는 시간
☞ 준비물 : 깨끗하게 정돈된 방

남는 방 정돈하기   "친구를 초대한다는 정성으로"

숙박업 등록

에어비앤비 사이트에
집 소개와
자기소개 올리기

"나의 취향과 관심사가
잘 드러나게"

예약 문의를 통해 예약 확정	• 기계적인 안내문 대신 친근한 메시지 보내기

외국인 친구와 일상을 공유하기	• 일상과 취향에 대해 대화하기 • 꿈꾸는 미래에 대해 대화하기 • 게스트가 사는 곳에 대해 묻기 • 저녁 함께 만들어 먹기 • 나만의 비밀 맛집, 카페, 술집 함께 가기 • 아침, 저녁 시간에 함께 동네 산책 • 결혼식, 친구 모임, 동호회 모임에 데려가기 • 일상적인 장소나 모임에 함께 가보기

EPILOGUE

여행의 설렘이 사라지기 전에

여행지에서 나의 모습은 어땠나요?
자유롭고, 사랑이 넘치고, 크리에이티브했을 거예요.

그런데 여행에서 돌아오면…?
거짓말처럼 그 모습들이 사라집니다.
다시 예전과 똑같이 일상을 버티며 살아가게 되지요.

지금까지 우리에게 '여행의 끝'은
'지루한 일상으로 돌아가는 것'을 의미했습니다.
멀리 여행을 떠나기를 꿈꾸면서도
그 후에 내 삶이 달라지지 않을 거란 걸 알고 있죠.

결국 우리의 삶을 바꾸는 것은
'어떻게 여행하느냐'가 아니라 '어떻게 사느냐'입니다.
우리가 살아가는 그 시간과 공간에
작은 여행의 활력을 채워보세요.

작은 여행은
내가 살아가는 일상에서 가장 가까운 여행법입니다.
어제의 여행이 남긴 설렘이 사라지기 전에
또 다른 작은 여행을 시작하는 우리는
누구보다 멋진 삶의 여행자입니다.

Editor's letter
"왜 하루를 즐겁게 살지 않냐"고 책이 자꾸만 물어옵니다. 거 참 곤란합니다. **민**
오늘 아침 출근길, 딴 생각을 하다가 한 정거장을 더 가서 내렸습니다.
낯선 정류장에 내려 '작은 여행'이라고 생각하고 느긋하게 걸었습니다.
여행 중에 보송보송한 강아지를 만나 기분이 무척 좋았어요.
작은 여행의 마법, 이 책으로 전하고 싶었습니다. **희**
큰 여행은 시간과 돈이 문제, 작은 여행은 시도해볼 용기가 문제. **애**

작은 여행,
다녀오겠습니다

1판 1쇄 발행일 2017년 12월 5일
1판 5쇄 발행일 2020년 1월 21일

지은이 최재원
그린이 드로잉메리(이민경)
발행인 김학원
발행처 (주)휴머니스트출판그룹
출판등록 제313-2007-000007호(2007년 1월 5일)
주소 (03991) 서울시 마포구 동교로23길 76(연남동)
전화 02-335-4422   **팩스** 02-334-3427
저자·독자 서비스 humanist@humanistbooks.com
홈페이지 www.humanistbooks.com
시리즈 홈페이지 blog.naver.com/jabang2017
디자인 스튜디오 고민   **용지** 화인페이퍼   **인쇄** 삼조인쇄   **제본** 정민문화사

자기만의 방은 (주)휴머니스트출판그룹의 지식실용 브랜드입니다.

ⓒ **최재원, 2017**
일러스트레이션 ⓒ **드로잉메리(이민경), 2017**
ISBN 979-11-6080-098-2 13980

• 이 책은 저작권법에 따라 보호를 받는 저작물이므로 무단 전재와 무단 복제를 금합니다.
• 이 책의 전부 또는 일부를 이용하려면 반드시 저자와 (주)휴머니스트출판그룹의 동의를
  받아야 합니다.

이 도서의 국립중앙도서관 출판예정도서목록(CIP)은 서지정보유통지원시스템 홈페이지
(http://seoji.nl.go.kr)와 국가자료공동목록시스템(http://www.nl.go.kr/kolisnet)에서
이용하실 수 있습니다. (CIP제어번호: CIP2017030449)